T0030476

Dinerograma
El eneagrama del dinero

Dinerograma
El eneagrama del dinero

Nueve pasos hacia la verdadera riqueza

NACHO MÜHLENBERG

CONECTA

Papel certificado por el Forest Stewardship Council®

Primera edición: noviembre de 2022
Segunda reimpresión: noviembre de 2022

Printed in Spain — Impreso en España

ISBN: 978-84-17992-59-0
Depósito legal: B-16.581-2022

Compuesto en M. I. Maquetación, S. L.

Impreso en Limpergraf
Barberà del Vallès (Barcelona)

CN 9 2 5 9 0

A todo aquel que alguna vez en su vida ha sufrido por dinero

Índice

Prólogo

Espero ser capaz de explicar y expresar en estas líneas qué pienso de Nacho y qué siento por él. Escribo este prólogo sentado en un avión de Barcelona a Nueva York, adonde viajo para comentar el Open de Estados Unidos de tenis. Voy de aquí para allá. Y ese podría ser uno de los tantos puntos en común que tengo con mi amigo Nacho, el modelo de vida que ambos hemos elegido: viajar, movernos, experimentar y ser libres para decidir qué hacemos con nuestro tiempo.

Lo primero que siento cuando hablo de él es pasión por la vida. Hace ya veinte años que lo conozco, y siempre ha tenido los ojos muy brillantes, con ese brillo y esa luz propios de alguien con grandes inquietudes, curioso y con ganas constantes de mejorar.

Nos conocimos en el club Set Ball Tennis de Sant Cugat. El tenis ha estado presente en la familia de Nacho desde que era pequeño, es un deporte que les encanta, y a mí, como tenista profesional, me ha demostrado siempre gran admiración y respeto: venía a verme entrenar y se acercaba, miraba, comentaba. Era un chico muy educado, extremadamente educado, y tenía una mirada que irradiaba ilusión.

Cuando hoy hablo con él, cada vez que nos encontramos y me cuenta sobre sus nuevos proyectos y emprendimientos, sigue teniendo la misma mirada, el mismo brillo en los ojos, la misma inquietud.

Nacho es un espíritu rebelde y libre, tiene una comunicación muy honesta, y eso lo refleja siempre en su trabajo: se muestra tal como es, no intenta buscar el agrado de otros, no se oculta, y causa un gran impacto en quien lo lee o escucha, no deja a nadie indiferente. Esa es una de sus características más auténticas.

Recuerdo que en ciertas ocasiones, en la época en que trabajaba como periodista, incluso a mí me llamaba la atención cómo se metía en líos: generaba revuelos, destapaba asuntos incómodos y, una vez más, su público no se mostraba indiferente. Era fiel a sí mismo, seguía su instinto y hablaba de lo que sentía, pensaba o investigaba.

En los últimos años, con el empuje del inconformismo y la curiosidad que lo caracterizan, Nacho ha llevado a cabo una interesante transformación personal y profesional: ha dejado de lado la feroz competencia a la que nos obliga la sociedad actual y ha construido su propia vida con sus propias normas.

Hoy no hay duda de su realización profesional, sus resultados son valorados por sus clientes y seguidores. No nos engañemos, a todo el mundo le gusta ser reconocido, y no por el hecho de que te llenen los oídos con «Tío, qué bueno eres», sino por lo útil que te sientes ayudando a otras personas. Lo verdaderamente gratificante es percibir que tu propósito llega al mundo. Y Nacho está viviendo ese momento.

Profundizar en descubrirse a sí mismo, irse a vivir a países diferentes, como Costa Rica o Indonesia, y emprender negocios, rodearse de gente inspiradora y salir de la dinámica en la que vivía le ha ayudado a ser alguien distinto, con una sabiduría mucho más profunda y una visión de la vida diferente de la que tenía años atrás. Se ha convertido en una persona abundante, realizada profesionalmente y con tranquilidad económica.

Prueba de ello es este libro. *Dinerograma* te ayudará a conocerte mejor, a entender tu relación con el dinero y a encaminarte hacia una vida más plena y abundante. Nacho te acompaña paso a paso a lo largo de sus páginas para que consigas alcanzar la verdadera riqueza a nivel personal y económico.

Me gusta mucho cómo explica la relación de cada tipo de personalidad con el dinero y cómo enseña, a través de historias y anécdotas personales, su propio cambio personal y económico.

Deseo de corazón que la gente lea este libro con la misma ilusión con la que yo lo he hecho y con esa pasión que Nacho siempre transmite en todo. Esta es la clave de la vida, que todos encontremos algo que nos apasione, que nos dirija hacia algún lado, lo que sea, lo que cada uno sienta.

Estas páginas te serán de gran ayuda para encontrar tu propio éxito de vida y tu tranquilidad financiera. Pienso que encontrar el propio camino no implica ganar siempre ni ser el número uno del mundo en algo en concreto. Todo es mucho más simple.

Cuando Nacho me propuso escribir este prólogo me dijo: «O lo haces tú o el libro no tendrá prólogo». No fue una amenaza, al contrario, fue un halago. A cualquier otra persona le habría dicho que no de entrada, pero que pensara en mí, y que haya aguardado con paciencia, me ilusiona enormemente.

Me entusiasma participar en un libro que será de mucha utilidad para miles de personas.

A disfrutarlo y a aprender.

Un abrazo,

Alex Corretja

Introducción

De la muerte no se libra nadie. De la relación con el dinero, tampoco. La primera la dejamos en manos de la vida. En cambio, del dinero debemos ocuparnos nosotros.

Pero... ¿por qué algunas personas acumulan dinero y otras lo gastan de forma desenfrenada? ¿A qué se debe que haya personas tacañas y agarradas, y otras generosas y desprendidas? ¿Cuál es el motivo por el que unas personas generan dinero con mucha facilidad y otras solo sobreviven día a día? ¿Por qué algunas planifican y controlan cada céntimo al detalle y otras viven improvisando?

Cada persona tiene una manera diferente de relacionarse con el dinero. Interactuamos con él en función de como somos. Tener una buena o mala relación con el dinero no depende de lo inteligente que seas, sino de las creencias, conductas, miedos y deseos que tengas en relación con él, es decir, de tu tipo de personalidad.

A lo largo de este libro veremos que, para alcanzar la verdadera riqueza, hace falta conocer, comprender y dominar una serie de conductas más que unos conceptos técnicos sobre el dinero.

**Riqueza es tener el control de mi vida.
Tomar mis propias decisiones, y tener libertad
de agenda y tiempo para decidir qué hago,
con quién trabajo y con quién paso las horas.
Esto es señal de abundancia.**

Todos deseamos acumular riqueza, tener más tiempo libre y disfrutar de una relación sana con el dinero. Pero, antes de conseguir tranquilidad económica, debemos conocernos a nosotros mismos.

El problema es que muchas personas se quedan atascadas en este punto porque les falta información. Quieren cambiar su relación con el dinero sin saber desde dónde parten. Sin un mapa, no puedes ver con claridad dónde estás ni el camino que debes recorrer para conseguir riqueza.

Tras años estudiando e investigando el eneagrama, una poderosa herramienta de autoconocimiento cuyos orígenes se remontan a más de dos mil quinientos años de antigüedad, he comprobado que es uno de los sistemas más precisos y certeros para 1) descubrir nuestras fortalezas y debilidades, nuestros talentos y las piedras con las que tropezamos a menudo, y 2) conocer y mejorar nuestra relación con el dinero.

Sin embargo, hasta el nacimiento del Dinerograma, nunca se había estudiado el eneagrama con el fin de prosperar económicamente.

Identificar dónde está el origen de tus conflictos económicos, analizarlos y comprender tus comportamientos te permitirá mejorar tu situación financiera. Aquí entenderás y mejorarás tu relación con el dinero. Y, si tienes la capacidad de aplicar los nueve pasos que te propongo en estas páginas, conseguirás la verdadera riqueza.

Dinerograma hace visible de forma clara y sencilla nuestros filtros, miedos y deseos más íntimos. Nos enseña por qué nos metemos en líos con el dinero y también cómo actuar para encontrar una situación financiera sana y equilibrada en función de cómo somos.

Muchos conceptos básicos de finanzas personales son muy simples de entender, pero muy difíciles de llevar a la práctica para una gran cantidad de personas. En numerosos libros, ensayos y formaciones, los expertos recomiendan que ahorremos un tanto por ciento de nuestro salario, que pensemos en el largo plazo, que controlemos nuestros gastos, que tengamos un presupuesto, que nos marquemos objetivos financieros y que aprendamos a invertir.

Bien. Pero... ¿por qué no logramos una transformación real en nuestra relación con el dinero pese a que los pasos que seguir son más sencillos de lo que imaginamos? Muy fácil: porque el ser humano no siempre actúa guiado por criterios objetivos. Una misma receta puede funcionar de manera eficaz para muchos, pero no para todos. Lo que a mí me funciona a ti quizá te parezca un disparate. Y viceversa. Somos, pensamos y actuamos de modos distintos.

El dinero es un espejo de quiénes somos y una gran herramienta para conocernos a nosotros mismos.

A pesar de que el dinero es neutral, nosotros no somos neutrales con él. Porque tampoco lo somos con nosotros mismos.

De hecho, proyectamos nuestros miedos, deseos, motivaciones, culpa y ansiedad en el dinero. De ahí que el dinero, directa o indirectamente, haya sido la máxima preocupación de los españoles desde que el Centro de Investigaciones Sociológicas (CIS) comenzó a llevar los registros, en mayo de 1985.

Al no ser neutrales con el dinero, este nos saca de nuestro centro. Cedemos el poder a un pedazo de papel sin darnos cuenta de que somos nosotros los que le infundimos nuestras creencias y nos dejamos arrastrar por ellas.

Este libro nace con el objetivo de comprender que una manera nueva y diferente de relacionarnos con el dinero es posible. Podemos transformar nuestra mentalidad para trabajar y vivir a nuestro favor, no contra nosotros.

Pero no hay que empezar la casa por el tejado. Necesitamos comprendernos, hacer consciente lo inconsciente y tener un plan de vida para lograr nuestros objetivos económicos.

Conocerte, comprenderte y mejorar tus finanzas personales para conseguir más libertad en la vida es posible si sabes desde dónde partes, qué pasos debes seguir y hacia dónde ir.

Este libro propone conocer el eneagrama a grandes rasgos, identificar tu eneatipo o tipo de personalidad, saber cómo te relacionas con el dinero y, a partir de ahí, construir un estilo de vida en función de quién eres, lo que te gusta y lo que deseas.

Con una metodología práctica y con los pies en el suelo, compartiré contigo la hoja de ruta económica que yo mismo he seguido a lo largo de los últimos doce años para pasar de ser un ignorante financiero a tener el control de mi vida.

En el presente, yo decido qué hago con mi tiempo, con quién trabajo y con quién no. Tengo tranquilidad financiera y el estilo de vida que empecé a idear más de una década atrás: libre y sin grandes ataduras.

Pero no soy un gurú ni me creo más listo que nadie. Esto no ha sucedido en un abrir y cerrar de ojos, ni mucho menos. Me ha llevado años de estudio, investigación, constancia y dedicación. Y, entremedias, viviendo penurias económicas, momentos de grandes crisis personales y distintas reinvenciones profesionales.

Desde que emprendí por primera vez, hace ya más de doce años, no he parado de formarme. Estudié la carrera de Periodismo en la Universitat Autònoma de Barcelona, cursé diferentes másteres (Inteligencia Financiera, Marca Personal, Desarrollo Personal y Liderazgo), me certifiqué como coach empresarial, realicé infinidad de formaciones sobre competencias emocionales (eneagrama, coaching, programación neurolingüística, etcétera) e investigué a diario sobre la psicología del dinero.

Pese a toda la formación académica y teórica, los mayores aprendizajes llegaron cuando emprendí. En paralelo y sin darme cuenta, también comencé un proceso de autoconocimiento y crecimiento personal.

Durante el proceso, me encontré de cara con una dura realidad: muy pocas personas saben relacionarse de forma sana con el dinero. Y yo era una de ellas. Así que no me quedó más opción que hacerme cargo de mis finanzas personales, trazarme un plan económico y comenzar a invertir mi dinero.

Y lo logré.

Con el objetivo de conquistar la verdadera riqueza te acompañaré a lo largo de nueve pasos para que tú también alcances tus objetivos económicos. No los que te marca tu vecino, no los que te dice tu pareja ni tampoco los de tus padres. Los tuyos en función de cómo eres.

Ahorrar más dinero, generar más ingresos, cambiar nuestras creencias sobre el dinero, salir de deudas, aumentar el colchón de tranquilidad económica, generar oportunidades de negocio, encontrar rentabilidades e invertir con consciencia es más sencillo de lo que imaginas. Pero requiere seguir un camino, tener orden y compromiso.

Toda transformación comienza con un cambio de mentalidad y una gran toma de consciencia. El objetivo de este libro es que consigas llevar la vida que quieres teniendo el control de tu dinero. Sin miedos, sin agobios ni ansiedad.

Apoyar la cabeza en la almohada por la noche e irte a dormir en paz sabiendo que tus finanzas están sanas produce felicidad, refuerza tu autoestima y hace que tomes mejores decisiones personales, profesionales y económicas.

En este libro encontrarás una guía paso a paso para conseguir la verdadera riqueza, que consiste en tener el control de tu tiempo y ser dueño de tu vida para que nadie te diga nunca más lo que tienes que hacer, cómo lo tienes que hacer, cuándo y en qué condiciones.

Independientemente de si trabajas por cuenta propia o cuenta ajena, el método propuesto en *Dinerograma* te será de utilidad. Yo comencé a aplicarlo cuando era empleado y terminé montando mis propias empresas.

Pero este es mi camino, no quiere decir que sea el correcto ni el que todo el mundo desee. Tan solo es el que he descubierto gracias a un proceso de autoconocimiento. A medida que avancemos, irás descubriendo el tuyo, que es lo que más importa.

Tu mente se resiste

Al comienzo de mis formaciones digo que, por favor, nadie piense que vengo a imponer una manera de pensar, hacer o sentir. Ni mucho menos. Escribo y me comunico sobre la base de años de investigación sobre cómo nos relacionamos con el dinero y también gracias a mi propia experiencia económica.

Al principio es posible que tu voz interna rechace determinados conceptos o percepciones, pero forma parte del proceso normal a la hora de hacer las paces con el dinero. Nuestro ego se resiste al cambio. Incluso puede resultarte doloroso mirar al pasado y comprender cómo te has comportado, los errores económicos que has cometido y las malas decisiones que te han llevado hasta un punto de ansiedad y sufrimiento.

Pero aquí no estamos para autoflagelarnos, sino para situarnos, aceptar lo que ha pasado, entender el presente y mirar hacia delante para garantizarnos un futuro mejor.

Incluso puede que sientas que no tienes ni idea de finanzas, que eres más «de letras», que te da miedo ver la realidad de cómo lo estás haciendo o que creas que los conceptos económicos son difíciles de asimilar. Lo entiendo, porque yo pasé por ahí. Sentía lo mismo. Tenía un descontrol absoluto de mi economía, pensaba que los números no eran lo mío y ni siquiera me atrevía a abrir la cuenta bancaria, que solía estar al borde de la quiebra.

Lo más fácil era parchear la situación, mirar hacia otro lado y abandonar la partida. Sin embargo, me di cuenta de que necesitaba una transformación real, madurar y hacerme cargo de mis finanzas.

No controlaba mi dinero y eso significaba que él me controlaba a mí. Era su marioneta. Comencé a formarme, a leer, estudiar, probar, ahorrar, ganar más dinero, limpiar mis creencias, comprender mis comportamientos, crear negocios e invertir.

No fue de la noche a la mañana, sino que ha sido un proceso integral de transformación basado en el conocimiento de mis comportamientos, deseos, miedos y motivaciones.

Años atrás, cuando leía o escuchaba a según qué personas de éxito, no creía ni sentía que fuera posible lograr todo lo que explicaban. Pensaba que, en mi caso, sería imposible. Pero aquí no se trata de creer, se trata de experimentar y pasar a la acción. Aplica lo que vas a leer y verás lo que sucede en tu vida, en tu economía y con tu alegría.

Hoy puedo decir que, después de tantos años, duermo tranquilo, trabajo en lo que me apasiona, gano dinero con ello y soy feliz. Y este cambio es lo que quiero contarte en estas líneas para que puedas inspirarte, vivir mejor y tener tranquilidad económica.

Un proceso de transformación

Eso sí, no busques cambios instantáneos. Esto no es como entrar en una habitación oscura, apretar el interruptor y que al instante todo esté iluminado. Esto es un proceso que lleva años y que tal vez no acabe jamás. ¡Quién sabe!

Pero qué bonito es poder transitar el camino hacia la verdadera riqueza con consciencia, goce y disfrutando de los avances personales, profesionales y económicos.

Este no es un libro largo y técnico. No me gusta meter paja cuando en menos de trescientas páginas puedo contarte todo lo que he investigado durante años en un lenguaje claro y sencillo.

Es un libro pensado para que llegues hasta el final, ya que la mayoría abandona la lectura a la mitad. Mi deseo es que encuentres tu camino, lo que a ti te haga sentir bien y te resulte útil.

Estoy convencido de que, si aplicas los conocimientos expuestos, transformarás tu vida. Pero, insisto, no se trata solo de leer, tienes que llevarlo a la práctica. El conocimiento se convierte en sabiduría cuando somos capaces de actuar y aplicar en el día a día lo aprendido.

En este proceso de desarrollo personal, descubrirás cómo quieres vivir, qué relación tienes con el dinero y qué debes hacer para alcanzar tu estilo de vida ideal. Utilizarás lo que te funciona y desecharás lo que no te resulta útil.

Es probable que ya hayas leído libros sobre eneagrama, dinero, finanzas, estilo de vida o desarrollo personal. Muchos te proporcionan una breve carga de energía y abundante motivación. El problema en la mayoría de los casos es que eso se desvanece rápido y tu vida sigue igual que antes. Mucho subidón, pocos resultados.

Aquí, sin embargo, encontrarás un camino de vida práctico que te llevará un tiempo implementar pero que te garantizo que puede cambiarte la vida de forma sorprendente. Lo hizo conmigo y con mi círculo de amigos y familiares más cercanos, por eso sé que funciona.

Y las cosas no siempre me fueron bien ni mucho menos. Sobreviví a una época en la que apenas cobraba 200 euros al mes, estaba perdido en el plano laboral, no me alcanzaba el dinero para vivir y lloraba (literalmente) por las esquinas porque no veía escapatoria a la vida mediocre y de escasez que tenía.

La pésima relación que tenía con el dinero me hacía esclavo de comportamientos y trabajos precarios. El dinero fue, en gran medida, el motor de mi insatisfacción crónica. Vivía con miedo, con ansiedad y con angustia económica debido a mi ignorancia financiera.

Pero había algo en mí que sabía que podía vivir de manera distinta. Quería de verdad sentirme abundante, próspero y libre. Sin embargo, no estaba preparado. Había cosas que se me escapaban.

Aún me queda muchísimo camino por recorrer y mucho que aprender (por suerte). Moriré a la edad en que tenga que morir siendo un eterno aprendiz, lo digo de corazón. Pero aquí voy a compartir contigo todo lo que he experimentado y cultivado en los últimos años sobre dinero y emociones para que tú también puedas sentirte más libre y más abundante.

¡Vamos!

Cómo utilizar este libro

Gracias a la valiosa transformación que propone *Dinerograma*, comprenderás, sanarás y mejorarás tu relación con el dinero a través del eneagrama. Vivirás un proceso integral de inteligencia económica.

En la primera parte del libro, describiré el eneagrama a nivel general. Proporcionaré los conceptos y características más importantes de la herramienta, así como una breve descripción a grandes rasgos de los nueve tipos de personalidad que existen.

Mi intención no es profundizar de manera rigurosa en la herramienta, para eso ya hay muchísimos libros más, formaciones específicas en mi web, <https://nachomuhlenberg.com/>, y un gran contenido en internet.

Por eso el estilo de este apartado no es narrativo, sino que está estructurado como una guía. El objetivo es que el libro sea un material informativo fácil de leer y que pueda consultarse una y otra vez de manera sencilla.

Te animo a leer y descubrir todos los eneatipos o tipos de personalidad, más allá de aquel con el que te identifiques, ya que encontrarás muchas respuestas a deseos, motivaciones, talentos, miedos y comportamientos tanto de tu persona como de las que te rodean.

En la segunda parte, hablaré de forma específica sobre cómo se relaciona cada tipo de personalidad con el dinero. Qué se les da bien, cuáles son los aspectos que deberían mejorar, los errores que suelen cometer con el dinero, cómo se conectan con la abundancia y la escasez, sus deseos económicos y sus miedos monetarios. También está estructurado en forma de guía, para que resulte fácil de asimilar.

En la última parte, dejaré la teoría a un lado para poder aplicar todo al día a día mediante una guía de nueve pasos que va a cambiar de manera radical tu relación con el dinero y la vida. El objetivo es que conquistes la verdadera riqueza para que seas dueño de tu tiempo y vivas más en paz. En resumen, que obtengas mayor felicidad viviendo la vida que realmente deseas.

PRIMERA PARTE

El eneagrama

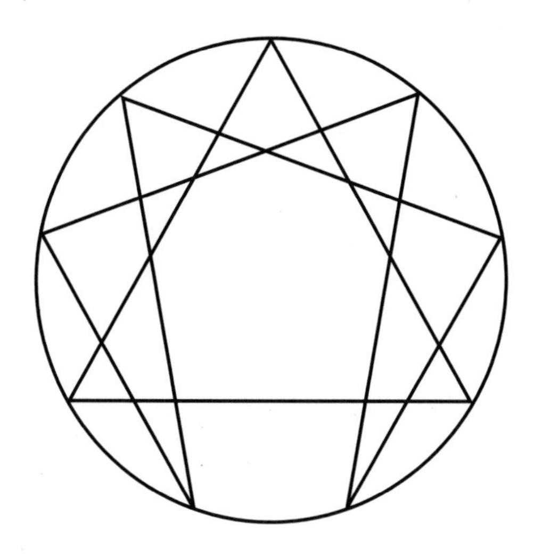

Un mapa de tu personalidad

El primer paso para mejorar tu relación con el dinero consiste en saber cómo eres. No puedes empezar a correr (mejorar tu relación con el dinero) sin saber caminar (cómo sientes, piensas y actúas). El eneagrama es una herramienta de autoconocimiento que te permite conocerte en profundidad de manera clara y sencilla de asimilar.

Se trata de una gran entrada al mundo del descubrimiento de uno mismo que tiene la virtud de resultar muy accesible, pero a la vez de ahondar hasta las profundidades gracias a su riqueza.

El eneagrama es un sistema que te permite entender tu forma de ser y la de los demás describiendo nueve tipos de personalidad con sus respectivas fortalezas y debilidades. Es una especie de mapa de nuestra vida interior que nos ayuda a reconocer por qué somos como somos y qué camino podemos transitar para vivir una vida más plena.

Asimismo, nos permite mejorar la relación con los demás, ya que accedemos a información de los comportamientos humanos. Las relaciones con familiares, amigos y compañeros de trabajo mejoran notablemente en el momento en que somos capaces de comprender por qué los demás hacen lo que hacen, piensan de un modo determinado y actúan en consecuencia.

Cada tipo de personalidad o eneatipo posee sus propias virtudes y defectos. Al conocerlos nos volvemos conscientes de que existen nueve formas de relacionarse con uno mismo, con los demás y con la vida. Cada persona tiene sus filtros.

Mi vida cambió el día que conocí esta herramienta y profundicé en ella. Supuso un gran impacto que me ha ayudado a mejorar mi vida y ganar en inteligencia emocional, término que popularizó Daniel Goleman y que describe como la capacidad de reconocer las emociones —tanto propias como ajenas— para gestionar con eficiencia la respuesta ante ellas. Podría decirse que es un conjunto de habilidades que permiten una mejor respuesta a lo que sucede tanto de forma interna como externa.

Profundizar sobre nosotros mismos nos ayuda a comprendernos mejor, a encontrar soluciones para no tropezar siempre con la misma piedra y progresar en el camino de la vida. El estudio de la personalidad (la máscara que utilizamos desde niños y que nos permite adaptarnos a nuestro entorno) no es más que un gran punto de partida desde el cual descubrir respuestas que no supimos encontrar con antelación.

Esta poderosa herramienta no plantea que nos pongamos etiquetas para limitarnos y separar a las personas según los diferentes comportamientos. Ese sería un análisis simplista y un mal uso del eneagrama. Por el contrario, es una propuesta para ver la vida desde una perspectiva más amplia entendiendo que no soy un número ni un eneatipo en concreto, sino que esto es tan solo el punto de partida para comprenderme mejor.

Con las personas de tu mismo eneatipo compartirás motivaciones, deseos, miedos, modos de comunicarte, y veréis el mundo desde una perspectiva similar. Ahora bien, cada persona es única, diferente y tiene unas inquietudes individuales que hacen que, obviamente, no se pueda afirmar que dos son idénticas por el simple hecho de compartir tipo de personalidad.

El grado de madurez, de consciencia, el tipo de educación que cada uno tenga, los valores culturales que haya mamado y rasgos más específicos, como ser más o menos comunicativo, entre otros tantos, hacen que la complejidad aumente.

El comportamiento humano no es matemáticas, donde dos más dos son cuatro. De ahí que no se pueda hablar de rasgos firmes y rígidos. El eneagrama, pese a estar dentro de unos parámetros que a continuación explicaré, está sujeto a la experiencia de cada individuo.

Lo que está claro es que, cuando comprendes tu tipo de personalidad, tu vida empieza a cambiar, ya que comienza a acelerarse el camino del autoconocimiento. El desorden interno empieza a ordenarse, lo que te permite recorrer un camino de vida más equilibrado, tranquilo y consciente.

Origen y expansión

En geometría, el eneagrama es una figura plana de nueve puntas. Proviene del griego, y *Enea* representa el número nueve y *grama* significa «líneas». Si bien se desconoce quién dibujó el primer eneagrama, se cree que sus raíces se remontan a la antigua Grecia.

En Europa lo introdujo el místico y escritor ruso George Gurdjieff alrededor de 1920, y más adelante personajes relevantes como Óscar Ichazo y Claudio Naranjo, entre otros, popularizaron la herramienta en Estados Unidos, Latinoamérica y el resto del mundo.

En la actualidad, el eneagrama es una de las herramientas más populares y eficaces de autoconocimiento. Además, cada vez es más frecuente encontrar empresas, tanto pequeñas y medianas como multinacionales, que utilizan este sistema a la hora de contratar personal y mejorar el ambiente de trabajo.

También la utilizan psicólogos, coaches, terapeutas, médicos, profesores, abogados y un largo etcétera de profesionales para lograr mejores resultados tanto personales como profesionales.

El símbolo

Los nueve puntos del eneagrama se dividen en tres figuras principales:

Un círculo, que une a todos los eneatipos y representa que todo está conectado, representa la unidad, la totalidad.

Un triángulo, que enlaza a los eneatipos Tres, Seis y Nueve, y significa que la realidad es menos de polos opuestos, que no todo es blanco o negro, sino que invita a reflexionar sobre los grises y los matices intermedios.

Y, por último, una hexada, que conecta a los eneatipos Uno, Dos, Cuatro, Cinco, Siete y Ocho. Esta viene a representar el cambio constante y el movimiento en la vida. Nada es estático, todo se transforma.

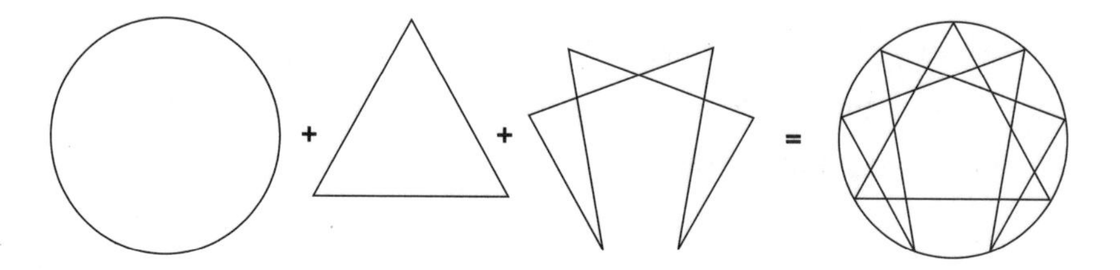

Flechas

Todo eneatipo está conectado mediante dos flechas a otros dos eneatipos. Estas flechas son como cordones umbilicales unidos a otros tipos de personalidad de cuyos comportamientos, miedos y deseos nos alimentamos de por vida.

Las flechas nos enseñan las diferentes posibilidades que tenemos de adaptar conductas y patrones de los eneatipos con los que estamos entrelazados. Se habla de «centramiento» para referirse a cómo se comportan los eneatipos en sus mejores momentos y de «descentramiento» para los momentos de estrés.

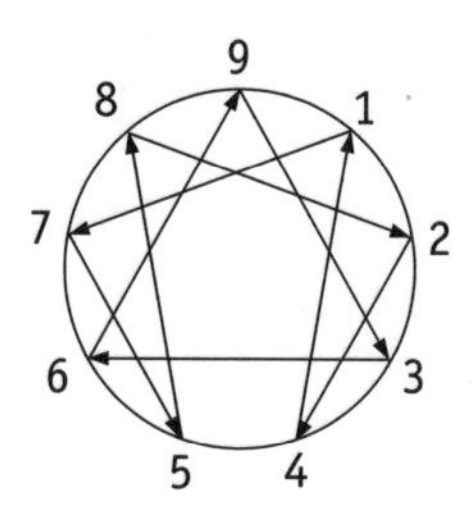

Esto significa que en momentos de dicha, liberación y realización (centramiento) te diriges a la esencia de los otros eneatipos y adaptas aspectos y conductas más positivos de las dos flechas con las que estás conectado. Es decir, un eneatipo Siete podrá hacer propias las mejores conductas y comportamientos de los tipos Uno y Cinco.

Por el contrario, en momentos de tensión, estrés y nerviosismo (descentramiento), es probable que de forma automática caigas en la parte más oscura e inconsciente de ambas flechas y coseches resultados emocionales negativos. Siguiendo con el ejemplo anterior, el Siete cogería también las peores conductas y comportamientos de los tipos Uno y Cinco.

Esta particular visión del eneagrama dista de la que la mayoría de los autores y expertos exponen sobre un único centramiento y otro único y rígido descentramiento. La popularizada teoría dice que el eneatipo Siete únicamente se descentra al Uno volviéndose una persona hipercrítica, gruñona, que culpa a los demás, que se obsesiona con una idea o que juzga de forma constante.

Por otro lado, se expone que se centra al Cinco y gracias a ello adquiere rasgos más introspectivos, es capaz de explorar temas en profundidad, se vuelve una persona más objetiva y se permite entrar en contacto con sus miedos.

Todo esto no deja de ser cierto. Sin embargo, solo estamos viendo una cara de la moneda. Esta limitada visión impide a los eneatipos acceder a comportamientos que son alcanzables, asumibles y naturales en su esencia.

Mi visión, más integrativa, holística y flexible, y respaldada por el análisis de los más de diez mil alumnos que han pasado por mis formaciones, propone un abordaje más justo y coherente y habla de una bidireccionalidad en las flechas.

Esto viene a decir que, continuando con el ejemplo anterior, el eneatipo Siete se centra y se descentra tanto al Uno como al Cinco. El eneatipo Uno no solo «perjudica» al eneatipo Siete, sino que gracias a la bidireccionalidad de las flechas los Siete son capaces de volverse más productivos, pasar más a la acción, sopesar sus opiniones con más sabiduría e interesarse más por el bienestar ajeno que por complacerse a sí mismos.

Además, el eneatipo Siete no solo se ve beneficiado por los buenos comportamientos del Cinco, sino que también se descentra a este eneatipo escapándose de sus responsabilidades, tratando de imponer sus teorías sobre los demás y llegando a aislarse del mundo cuando tiene problemas.

Ya sabes, no pretendo imponer un punto de vista ni dictar verdades. Escoge qué visión te resulta más útil y tiene más sentido para ti. Lo que te haga evolucionar como persona y mejorar tus relaciones será lo correcto para ti.

Alas

Así como las flechas afectan los comportamientos a los que está ligado un eneatipo, con las alas sucede que los números que están a ambos lados del símbolo, los vecinos, también influyen en el tipo de personalidad. Sucede tanto en la esencia como en el lado oscuro.

Es decir, un eneatipo Dos, cuyas alas son el Uno y el Tres, puede llegar a verse influenciado y adoptar comportamientos, deseos, miedos y conductas de sus números vecinos.

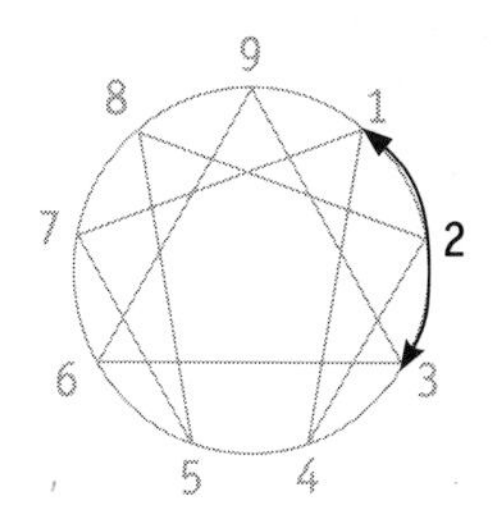

Generalmente se dice que hay un ala dominante (ejemplo: «Soy eneatipo Dos con ala Tres»), pero en un eneagrama flexible como el que propongo es normal ver a personas que dicen no sentirse identificadas con ninguna ala en concreto, sino más bien con las flechas. Otras incluso manifiestan que, al realizar el viaje de introspección, llegan a la conclusión de que ambas alas les afectan por igual.

En ambos casos, el abordaje sería correcto, ya que es una manera de vivir el eneagrama sujeta a la propia experiencia de cada persona. No hay verdades absolutas, sino meras posibilidades de transitar un camino de autodescubrimiento y desarrollo personal, profesional y económico.

Sentimentales, mentales y viscerales

Los nueve tipos se pueden agrupar en tríadas. Estas contienen los tres componentes básicos de la psique humana: sentimiento, pensamiento e instinto.

Es decir, dentro de cada tríada, los eneatipos comparten características, patrones de conducta, creencias, miedos, hábitos o necesidades básicas.

Los eneatipo Dos, Tres y Cuatro conforman la tríada del sentimiento, y cuando se sienten bajo presión ponen en funcionamiento el área cerebral asociada a las emociones, el sistema límbico. El objetivo de estos eneatipos es obtener reconocimiento y afecto.

Los eneatipo Cinco, Seis y Siete pertenecen a la tríada del pensamiento, son los mentales, asociados al área cerebral del neocórtex. Esto no quiere decir que sean más inteligentes que los demás, sino que viven inmersos en su mente imparable, en sus ideas y proyecciones.

Por último, los eneatipo Ocho, Nueve y Uno forman la tríada visceral, la del instinto, que va ligada al cerebro reptiliano. Reaccionan con las áreas cerebrales más ancestrales, aquellas que se encargan de la supervivencia, por lo que son personas propensas a pasar a la acción. Eso sí, en los momentos difíciles crean muros para que nada ni nadie tenga acceso a ellos.

Toda persona contiene rasgos de las tres tríadas con independencia de su tipo de personalidad. Sentimientos, pensamientos e instinto se relacionan entre sí; no se puede trabajar uno de ellos sin influir en los otros dos.

Para profundizar más sobre este tema quiero regalarte un vídeo en el que te explico cuáles son las diez claves para comprender de forma correcta el eneagrama. Lo encontrarás en <www.nachomuhlenberg.com/recursos>.

1

Los nueve eneatipos

Según el eneagrama, existen nueve tipos de personalidad dominante. Cada uno de ellos se corresponde con un eneatipo y tiene unos rasgos específicos.

Pese a que todos poseemos características de diferentes eneatipos, algunas tendencias en el comportamiento son innatas, se manifiestan con facilidad y de forma automática.

Veamos las singularidades de cada uno y descubre cuál es tu eneatipo dominante.

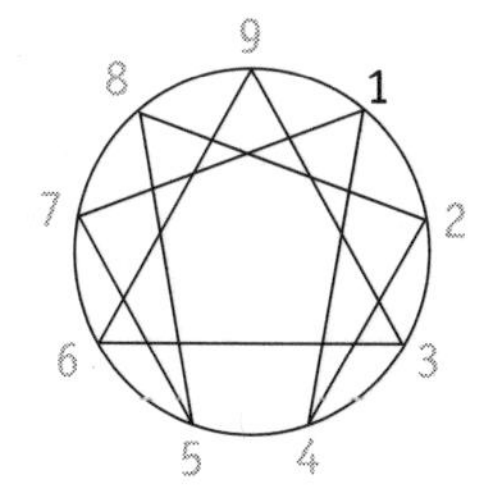

EL ENEATIPO UNO

Características generales

Los Uno son generalmente responsables, entregados y muy trabajadores. Suelen poner el listón muy alto a lo que tanto ellos como los demás hacen o dicen. Se esfuerzan por ser perfectos, por seguir normas, leyes y tener sus cosas en orden y bajo los parámetros de lo que para ellos es lo correcto.

Tienen la sensación de que nunca nada está suficientemente bien hecho y les crispa la mediocridad que les rodea. Dado que nada llega a estar perfecto, tienden a conectar con la crítica, el enfado y la frustración.

En condiciones de estrés, se vuelven protestones, infantiles y se victimizan. Les atrapa una nube de mal humor y amargura que los empuja a creer que, si se divierten, se ríen o se lo pasan bien se convertirán en personas irresponsables e inmaduras.

Equilibrados son:

- Organizados
- Justos
- Fiables
- Sabios
- Generosos
- Metódicos
- Sinceros
- Honrados

En estrés son:

- Criticones
- Iracundos
- Exigentes
- Intolerantes
- Arrogantes
- Inflexibles
- Controladores
- Irritables

Aspectos positivos de ser un Uno:

- La responsabilidad con la que llevan a cabo su trabajo.
- El esfuerzo y la dedicación en todo lo que hacen.
- La honestidad y la franqueza con la que actúan y se expresan.
- La autodisciplina y la constancia en su día a día.
- Demostrar principios elevados y unos valores muy marcados.

- Su esfuerzo por mejorar el mundo.
- La practicidad a la hora de lograr objetivos.
- La capacidad de tener la conciencia tranquila.

Aspectos menos agradables de ser un Uno:

- El pesimismo y la negatividad con la que ven las cosas.
- La crítica y queja constantes de todo aquello que va en contra de sus creencias.
- Sentirse molestos porque están rodeados de gente inútil y mediocre.
- Tener un exceso de responsabilidad porque no son capaces de delegar tareas.
- La inflexibilidad a la hora de ver y aceptar diferentes puntos de vista.
- Autoexigirse y criticarse porque sus acciones nunca les parecen suficientemente correctas.
- No considerarse apreciados ni valorados por lo que hacen.

Motor de sus comportamientos: La perfección. Desean ser perfectos, actuar correctamente y hacer las cosas bien. Actúan, trabajan y toman decisiones con el objetivo de no quedar como irresponsables y poco fiables.

Punto débil: La ira. Aparece cuando son incapaces de aceptar las cosas como son. En ocasiones la ira está reprimida, ya que expresarla sería enseñar al exterior una imagen de imperfección. Esto degenera en una continua frustración, lo cual les hace estar insatisfechos y amargados consigo mismos, con los demás y con el mundo.

Objetivo emocional: La serenidad. Es la aceptación de sí mismos, de otras personas y del mundo que les rodea. No significa la anulación de las emociones, sino un estado de consciencia que les permite sentirse a gusto en el presente.

Talón de Aquiles mental: El resentimiento. Aparece cuando consideran que no se ha hecho un justo reconocimiento del esfuerzo, la entrega y la dedicación a su trabajo o su implicación en una relación.

Cualidad aspiracional: La aceptación. Consiste en aceptar lo que está sucediendo desde un punto de vista más neutro, sin tantas connotaciones negativas. Significa respetar diferentes puntos de vista sabiendo que la opinión personal no es la única válida, sino que hay varias maneras de interpretar la realidad.

Qué les genera estrés: La falta de control y el desorden.

Miedo básico: A ser considerados malas personas, corruptas, poco fiables y sin palabra.

Deseo básico: No tener defectos, tener la razón, ser perfectos y sentir que todo marcha correctamente.

Una característica que destaca: El detallismo. Son precisos, metódicos y lógicos. Les gusta hacer las cosas bien, con rigurosidad. Toman decisiones claras, prácticas y con convencimiento moral. En esa búsqueda de la perfección, los detalles son importantes y sienten que pueden marcar la diferencia en lo que hacen.

Qué valoran en otras personas: La implicación, la honestidad, la responsabilidad, el respeto por las normas y la practicidad.

Qué les molesta de otras personas: El constante cambio de opinión, la transgresión de las reglas, el incumplimiento de la palabra, la mediocridad y la ineficacia.

Cómo incordian a los demás: Con la crítica, la protesta, el victimismo, la rigidez, el pesimismo, la exigencia y el perfeccionismo.

Cómo abordan los problemas: Desde la justicia, la honradez. «Tiene que imperar la lógica, el sentido común. Vamos a ser prácticos y hacer lo que toca».

Les cuesta cobrar consciencia de: La cantidad de quejas que emiten y las consecuencias que esto trae a las personas de su entorno.

Cómo se comunican: Suelen instruir, exigir, presionar, criticar, argumentar, discutir, insistir, enseñar y sermonear. Pueden parecer enfadados. Tienen convicciones e ideas claras. No suelen dudar e incluso son capaces de levantar el índice como si estuvieran dando órdenes.

Piedra con la que tropiezan a menudo: La condena. Es la emisión de juicios de valor contra personas, circunstancias o acciones que no concuerdan con su forma de pensar. Convierten en crítica y protesta constante lo que les genera conflictos personales y relacionales.

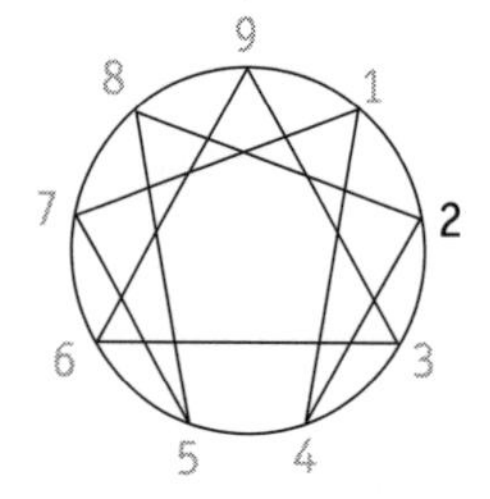

EL ENEATIPO DOS

Características generales

Los Dos sienten la necesidad de ser amados y valorados. Generalmente son seres entregados a otras personas. Apoyan, ayudan, acompañan y tienen palabras positivas para familiares, amigos y conocidos.

Son alentadores, cariñosos y generosos, y suelen generar y transmitir confianza. Acostumbran a ser empáticos, se esfuerzan por conectar con los demás y harán todo lo posible por descubrir los deseos y necesidades de los que les rodean.

En condiciones de estrés, se vuelven exigentes con los demás, pueden llegar a ser manipuladores y echar culpas fuera. Conectan con la intromisión en la vida ajena y el victimismo al tomarse las cosas de forma personal.

También es posible que consideren que no reciben todas las alabanzas que merecen. Buscan ser queridos, valorados y reconocidos por los demás.

Equilibrados son:

- Generosos
- Empáticos
- Entregados
- Solidarios
- Cariñosos
- Cercanos
- Sustentadores
- Altruistas

En estrés pueden llegar a ser:

- Exigentes
- Manipuladores
- Envidiosos
- Victimistas
- Dependientes
- Orgullosos
- Soberbios
- Aduladores
- Entrometidos

Aspectos positivos de ser un Dos:

- La facilidad para generar conexiones con las personas.
- Empatizar con los demás y ser capaces de dar apoyo.
- La capacidad de rebosar energía y compartirla con el resto.

- La entrega desinteresada para ver a sus seres queridos contentos y satisfechos.
- Ser protectores y defensores de su tribu, de las personas de las que se ocupan.
- Habilidad excepcional para comprender las necesidades emocionales de los demás.
- Su adaptabilidad a las circunstancias, al entorno y a las personas.
- El buen sentido del humor, la conexión con su niño interior y las ganas de divertirse.

Aspectos menos agradables de ser un Dos:

- No reconocer sus propias necesidades por miedo a quedar como egoístas.
- Estar pendientes del resto antes que pensar en sí mismos.
- Considerar que cuanto más ayuden más los querrán.
- Ser incapaces de decir que no por miedo a quedar mal.
- Sentirse agotados por todo el esfuerzo que hacen con los demás.
- No ser capaces de poner límites.
- Hacerse responsables de los sentimientos ajenos.
- Esforzarse en exceso por conectar con otras personas cuando la relación no fluye.

Motor de sus comportamientos: Conectar con otros es la intención profunda de la mayoría de sus comportamientos. Los Dos no quieren quedarse desconectados ni aislados emocionalmente de los demás.

Punto débil: La soberbia. Es considerar que saben lo que el otro necesita, darlo por hecho y olvidarse de sus propias necesidades. Los Dos se creen indispensables para la supervivencia de otras personas.

Objetivo emocional: La humildad. Es aceptar que los demás pueden no contar con ellos y que esto no les da ni les quita valor personal.

Talón de Aquiles mental: La adulación. Es estar pendiente de los demás, halagarlos para que tengan una buena imagen de ellos hasta el punto de abandonar por completo sus propios sentimientos y necesidades.

Cualidad aspiracional: La libertad. Sentirse bien estando a solas, sin necesidad de que los demás les den cariño o valor. Es una libertad emocional que va generando confianza en sí mismos.

Qué les genera estrés: La falta de valoración y aprecio.

Miedo básico: A no ser queridos por los demás, a ser indignos de amor.

Deseo básico: Ser amados, valorados y tenidos en cuenta por los demás.

Una característica que destaca: El vínculo. Los Dos cuentan con una capacidad única para generar un vínculo con otras personas. Empatizan, comprenden y se ponen en el lugar del otro, lo que les permite aportar o decir lo que los demás necesitan.

Qué valoran en otras personas: Cercanía, honestidad, voluntad para compartir, que cuenten con ellos y que expresen sentimientos.

Qué les molesta de otras personas: La falta de apertura emocional, la distancia, la frialdad y la rigidez.

Cómo incordian a los demás: Con intrusismo, exigencias, chantajes y emotividad desbordante.

Cómo abordan los problemas: Se implican, se interesan por los demás y los priorizan. «¿De qué manera puedo echarte una mano?».

Les cuesta cobrar consciencia de: Las exigencias sutiles (y no tan sutiles) que constantemente están imponiendo a los demás. Se comportan como niños malcriados y consentidos cuando no consiguen lo que desean.

Cómo se comunican: Pueden llegar a atosigar, entrometerse, adular en exceso, dar la razón por más que no piensen igual que los demás con el objetivo de conectar. No les gusta el conflicto directo, por lo que seguirán la corriente y no entrarán en una confrontación directa de inicio. Al principio son suaves, dulces y tiernos comunicando, pero también tienen la otra parte más brusca cuando cogen confianza.

Piedra con la que tropiezan a menudo: Ceden su valía personal. Los Dos dejan en manos de terceras personas sus propias decisiones, se vuelven marionetas de los demás y entregan el poder de elección a terceros. Ahí es cuando ceden su valía interior y se olvidan de sus propias necesidades.

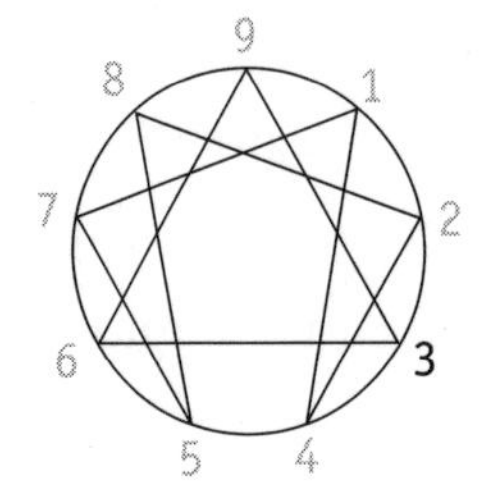

EL ENEATIPO TRES

Características generales

Los Tres son personas con una gran confianza en sí mismas, ambiciosas, competitivas y trabajadoras. Se sienten motivadas por la necesidad de ser productivas, alcanzar el éxito y evitar el fracaso a toda costa.

Se esfuerzan por destacar por encima de los demás. Valoran el prestigio, la imagen y el estatus. Son grandes motivadores, resilientes y tienden a tomarse los problemas como retos que superar, nuevos objetivos que lograr.

En condiciones de estrés, pueden llegar a conectar con la exageración y la mentira; también con la vanidad, que les impulsa a apasionarse por la imagen que los demás tengan de ellos. Se desconectan de sí mismos para causar un gran impacto en las personas: necesitan llamar la atención, que los vean y lucir lo que han conseguido.

Equilibrados son:

- Motivadores
- Ejecutores
- Apasionados
- Resolutivos
- Eficientes
- Enérgicos
- Seguros
- Honestos

En estrés son:

- Engañosos
- Adictos
- Superficiales
- Mentirosos
- Narcisistas
- Vanidosos
- Embaucadores
- Tramposos

Aspectos positivos de ser un Tres:

- Alta capacidad para reponerse de los contratiempos.
- Seguridad en sí mismos y en sus decisiones.
- Elevada eficiencia a la hora de conseguir objetivos.
- Muestran una alta ambición en todo lo que hacen.
- Son capaces de motivarse y motivar a otros con facilidad.

- Gran sentido de la responsabilidad. Se involucran en lo que llevan a cabo.
- Resuelven de forma práctica los problemas a los que se enfrentan.
- Son amables, agradables, simpáticos y cercanos con las personas.

Aspectos menos agradables de ser un Tres:

- Pueden olvidar mostrar empatía con las personas de su alrededor.
- Se desconectan de las emociones y se vuelven «hacedores humanos».
- Competir con ferocidad y olvidarse de cooperar.
- Estar constantemente luchando y queriendo destacar por encima de otros.
- Compararse con otras personas por todo lo que logran y consiguen.
- Ponerse diferentes máscaras para impresionar al resto.
- Considerar a los demás y a ellos mismos como productos en lugar de seres humanos.
- Ser capaces de mentir y falsear la realidad con tal de conseguir lo que desean.

Motor de sus comportamientos: Los Tres buscan destacar por encima de los demás para quedar como los más exitosos y los que triunfan. Desean sentirse valiosos, queridos y reconocidos con el objetivo de no sentirse fracasados y mediocres.

Punto débil: La mentira. Ven el mundo bajo la perspectiva de destacar y conseguir el éxito, y moldearán la realidad para dar la mejor versión posible de sí mismos.

Objetivo emocional: La autenticidad. Estado interno en el cual los Tres conectan consigo mismos, se muestran reales y no tienen la necesidad de interpretar un papel ante el resto de las personas.

Talón de Aquiles mental: La vanidad. Es la creencia exagerada de que poseen habilidades y cualidades especiales. Tienen un afán desmesurado de ser admirados y considerados por ello.

Cualidad aspiracional: Soltar. Consiste en no aferrarse ni intentar controlar todo. Es la capacidad para soltar las riendas y confiar en lo que la vida quiere para ellos.

Qué les genera estrés: Ser vistos como unos fracasados.

Miedo básico: A no lograr lo que se propongan y carecer de valor inherente.

Deseo básico: Ser valiosos, exitosos y lograr sus metas.

Una característica que destaca: La ejecución. Los Tres llevan a la práctica sus objetivos y son capaces de lograr lo que se proponen.

Qué valoran en otras personas: El éxito, el prestigio, el estatus, la capacidad de ver negocios y oportunidades, la practicidad, la eficiencia y la confianza.

Qué les molesta de otras personas: La emotividad, la ineficacia, la falta de compromiso, el no intentarlo, que no acaben sus tareas.

Cómo incordian a los demás: Con egocentrismo, presión, lecciones, comparaciones y un alarde excesivo de sus propios logros y éxitos.

Cómo abordan los problemas: Van al grano, son prácticos y tienen los pies en la tierra. «Vamos paso a paso a resolver problemas. Centrémonos en esto primero, luego ya iremos por lo segundo».

Les cuesta cobrar consciencia de: La falta de autenticidad. Se meten en papeles y roles que poco tienen que ver con su propia esencia, lo que genera cierta desconfianza en terceras personas.

Cómo se comunican: Tienen discursos motivacionales, alardean y fanfarronean de lo que han conseguido. Suelen dar una imagen de prosperidad, abundancia y éxito en todo lo que hacen. Son los reyes de los contactos y generan vínculos que les interesen. No se sienten cómodos hablando de emociones, ya que tienen la creencia de que pueden sentirse vulnerables y débiles mostrándose de forma más íntima.

Piedra con la que tropiezan a menudo: Pérdida de autenticidad. En el momento en que se ponen la máscara, se vuelven camaleónicos y se centran en exceso en la imagen que darán a los demás. Se olvidan de sí mismos, de su propia autenticidad, y conectan con otras personas desde el lugar en el que ellos creen que los demás quieren verlos y no desde lo que realmente son.

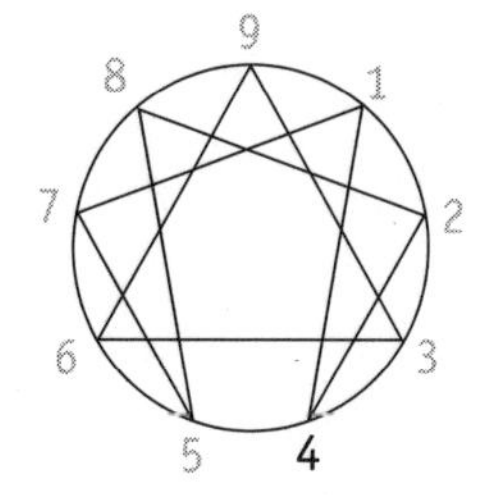

EL ENEATIPO CUATRO

Características generales

Los Cuatro son personas que experimentan de forma intensa sus sentimientos y les gusta llevar una vida poco ordinaria, fuera de lo corriente. Se sienten cómodos en los extremos de las emociones, oscilan entre un lado alegre y vivo, y otro más melancólico y triste.

Se esfuerzan por ser únicos, especiales, por encontrarle un significado a la vida, y quieren evitar quedar como seres comunes, del montón. Son idealistas, creativos, muestran una gran sensibilidad para la decoración y suelen tener un gusto estético muy particular.

En condiciones de estrés, conectan con la envidia, siempre anhelando lo que son, sienten o experimentan otras personas. Se menosprecian y tienen una elevada falta de autoestima. En las relaciones de pareja idealizan mucho a su compañero o compañera y llegan a caer en la dependencia emocional.

Equilibrados son:

- Introspectivos
- Creativos
- Intuitivos
- Equilibrados
- Sensibles
- Disciplinados
- Cálidos
- Innovadores

En estrés son:

- Envidiosos
- Celosos
- Intensos
- Egocéntricos
- Dramáticos
- Narcisistas
- Depresivos
- Tozudos

Aspectos positivos de ser un Cuatro:

- Originalidad y creatividad al mostrarse y expresarse.
- Capacidad para sobresalir y hacer cosas únicas y diferentes.
- Enorme creatividad y una visión alternativa a la tradicional.
- Un sentido del humor especial.
- Establecen conexiones profundas y verdaderas con las personas.

- Empatía con la que se relacionan con los demás.
- Amabilidad y apoyo a sus seres queridos.
- Participan y se interesan por los demás.

Aspectos menos agradables de ser un Cuatro:

- Ansiar lo que no tienen.
- Los cambios de humor constantes y radicales.
- La tristeza y el vacío existencial con el que a menudo conectan.
- Sentirse atacados cuando los malinterpretan.
- Caer en la dependencia emocional y el victimismo.
- Meterse de lleno en el papel de «ovejas negras» o «patitos feos» y esforzarse por ser distintos al resto.
- No dejar hablar a los demás, creerse más importantes y especiales que el resto.
- Llamar la atención constantemente, incluso llegando a enfermar.

Motor de sus comportamientos: Los Cuatro se esfuerzan por ser únicos y hacen lo imposible por encontrarle un sentido particular a la vida. Desean ser queridos y valorados por estas cualidades que los hacen ser tan diferentes a los demás.

Punto débil: La envidia. No suelen sentir envidia material de otras personas, sino que es una envidia enfocada en el ser de los demás, en la confianza, en lo que tienen a nivel emocional más que material. Sitúan el problema fuera de ellos mismos.

Objetivo emocional: El equilibro. Llega cuando logran estabilizar las emociones, no viven una montaña rusa de sentimientos y son capaces de experimentar emociones más sencillas sin tantos altibajos.

Talón de Aquiles mental: La melancolía. Es un estado permanente de tristeza y desinterés que consideran útil. Así llaman la atención y se sienten únicos, incomprendidos y diferentes cuando el resto de las personas aparentan felicidad.

Cualidad aspiracional: Originalidad cotidiana. Consiste en saber que todos somos originales y únicos, pero que no hace falta llevar al extremo el papel de ser distintos en todo lo que hagamos, ya que esto acarrea más sufrimiento que paz interior.

Qué les genera estrés: El miedo al abandono y sentirse incomprendidos.

Miedo básico: A carecer de identidad, no ser especiales.

Deseo básico: Ser original y estar en paz al ser uno mismo.

Una característica que destaca: La originalidad. Los Cuatro tienen la capacidad de ver las cosas desde otro prisma, actuar de un modo poco convencional y diferenciarse de lo tradicional.

Qué valoran en otras personas: La sensibilidad, que los escuchen, que los tengan en cuenta, que valoren su extravagancia y su creatividad, y que los alaben.

Qué les molesta de otras personas: La superficialidad, que no los tengan en cuenta, que no valoren sus cualidades, la docilidad.

Cómo incordian a los demás: Con los cambios de humor, la crítica, la envidia, el ensimismamiento.

Cómo abordan los problemas: Desde la originalidad, el compromiso y la exclusividad. «Me voy a implicar como nadie. Esto lo saco adelante con mi toque único sí o sí».

Les cuesta cobrar consciencia de: El egocentrismo. Se consideran más especiales porque creen haber vivido cosas más interesantes que el resto de las personas. Son incapaces de ver el ensimismamiento que llevan encima, ya que constantemente quieren ser el centro de atención.

Cómo se comunican: Lo hacen desde el dramatismo, el victimismo y la exageración. Suelen interpretar papeles como si estuvieran en una película o una función de teatro. Suspiran, resoplan y gritan para llamar la atención. Quieren ser el centro de atención y sienten que el mundo gira en torno a ellos. Interrumpen, no dejan terminar las frases y todo lo llevan al terreno personal.

Piedra con la que tropiezan a menudo: Compararse negativamente. Piensan que el jardín del vecino es siempre más verde que el suyo. Conectan con la envidia y la comparación, y esto los lleva a un estado que merma su autoestima y confianza. Se achican, se vuelven víctimas y conectan con la melancolía.

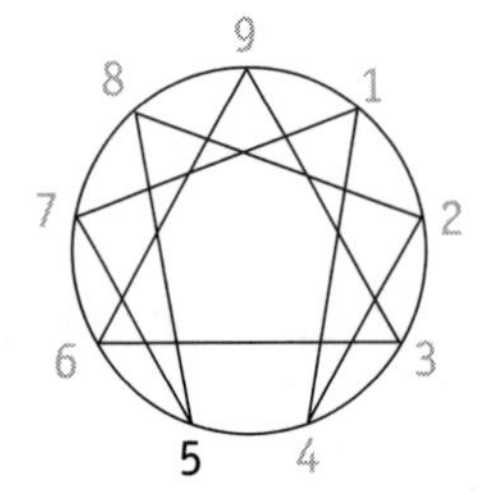

EL ENEATIPO CINCO

Características generales

Los Cinco son personas motivadas por la necesidad de tomar una distancia emocional de las situaciones, personas o circunstancias. Son observadoras, independientes, sabias y les gusta pasar tiempo solas, pues es cuando se recargan de energía. Son tranquilas, objetivas y muy mentales, siempre preocupadas por saber, comprender y racionalizar todo.

Se interesan por la información, el conocimiento y tienen una curiosidad muy desarrollada. Les gusta estar en su casa, alejados del mundo exterior, les agobian el ruido y las aglomeraciones. Suelen disfrutar de sus hobbies, no tienen grandes necesidades y gozan de un grado de independencia elevado.

En condiciones de estrés, los Cinco se desconectan de sus emociones, se vuelven personas distantes y frías. Cuesta acceder a ellos, no expresan lo que sienten y es complicado comprender qué están experimentando. Llegan a aislarse y a ser poco generosos, porque para ellos dar puede significar que otras personas se vuelvan dependientes de su energía.

Equilibrados son:

- Sabios
- Independientes
- Objetivos
- Coherentes
- Sosegados
- Perseverantes
- Inteligentes
- Curiosos

En estrés son:

- Fríos
- Distantes
- Necios
- Negativos
- Miedosos
- Herméticos
- Arrogantes
- Tacaños

Aspectos positivos de ser un Cinco:

- Ser capaces de dar un paso atrás y observar todo con distancia y objetividad.
- No ser reactivos e impulsivos, lo que les hace tomar decisiones más inteligentes.
- La capacidad de analizar, profundizar y comprender.

- La curiosidad patente por aprender e innovar.
- Su independencia y respeto en las relaciones: viven y dejan vivir.
- No caer en la vorágine de compras compulsivas, son más minimalistas.
- No dejarse influenciar por la presión social o familiar, son fieles a lo que sienten.
- Mantener la calma y tranquilidad en momentos de tensión.

Aspectos menos agradables de ser un Cinco:

- No expresar sentimientos, por lo que es complicado comprenderles.
- Impacientarse cuando no les salen las cosas como querrían.
- Actuar como si no pasara nada y evadir los conflictos.
- Decir que sí a algo cuando en realidad no quieren hacerlo.
- Tener dificultades a la hora de socializar o expresar sus ideas en público.
- Aislarse psicológica, mental y físicamente del mundo.
- Tener temores a la hora de pasar a la acción.
- El miedo al compromiso los lleva a estar solos.

Motor de sus comportamientos: Los Cinco se esfuerzan por tomar distancia y llevar a cabo su deseo de ser libres, autónomos y no depender de nadie. Les gusta pasar tiempo a solas, se recargan de energía vital. Tampoco les gusta que nadie dependa de ellos.

Punto débil: Infravalorarse. Consideran que carecen de recursos y energía para compartir con los demás. Pueden llegar a vivir con pensamientos de escasez, sintiendo temor a la carencia y a nunca sentirse preparados para pasar a la acción.

Objetivo emocional: El desapego. Es la capacidad de tomar distancia de las emociones y circunstancias para comprender con mayor objetividad lo que están experimentando.

Talón de Aquiles mental: El aislamiento. Consiste en generar el hábito de comunicar el mínimo de información con el objetivo de no mostrarse y así poder quedarse a solas con sus preciados pensamientos.

Cualidad aspiracional: La sabiduría. Es alcanzar la omnisciencia, un estado en el cual disponen de acceso a una sabiduría *universal*, conocen numerosos temas en profundidad.

Qué les genera estrés: Sentirse presionados, asfixiados.

Miedo básico: A ser ignorantes, sentirse oprimidos por otras personas y no tener recursos para ser independientes.

Deseo básico: Tomar distancia.

Una característica que destaca: La perspicacia. Es la capacidad que una persona desarrolla para comprender su entorno e interpretar cuestiones o situaciones complejas.

Qué valoran en otras personas: La inteligencia, la independencia, la sabiduría, la innovación, la creatividad, la profundidad y la curiosidad.

Qué les molesta de otras personas: La intensidad emocional, la presión, las aglomeraciones, la insistencia, la acción constante.

Cómo incordian a los demás: Con poca expresividad, falta de acción, silencio emocional, rigidez mental y arrogancia intelectual.

Cómo abordan los problemas: Desde la calma, la distancia y la objetividad. «Vamos a estar tranquilos. Recopilemos toda la información que tengamos y analicemos todo».

Les cuesta cobrar consciencia de: La falta de acción. No suelen darse cuenta de que la vida se les pasa. Son más de imaginar y pensar que de actuar.

Cómo se comunican: Suelen hablar con un tono discreto, sin griterío ni llamando la atención, desde la calma y la sabiduría. Se esfuerzan por racionalizar, analizar y explicar detalles de cómo funcionan las cosas. Son poco expresivos, fríos y distantes. Actúan como si no tuvieran sentimientos, pero los llevan por dentro y no los dejan aflorar.

Piedra con la que tropiezan a menudo: Se aíslan del mundo exterior procesando todo de forma mental. Se evaden de las emociones, se centran en la cabeza y se aíslan de sus sentimientos.

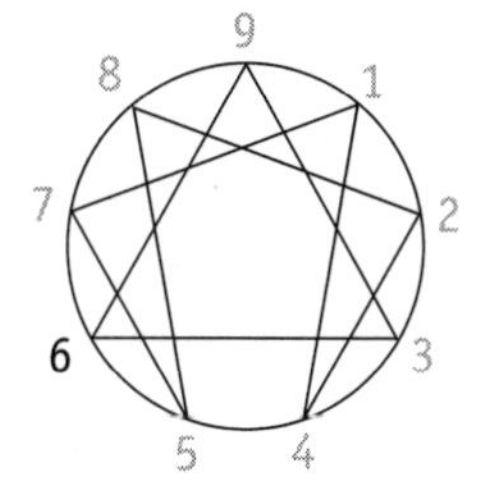

EL ENEATIPO SEIS

Características generales

Los Seis son personas que buscan sentirse seguras en distintos aspectos de su vida. Son leales, prudentes, trabajadoras y responsables. Se las considera más «jugadoras de equipo» que lobos solitarios. Buscan la cooperación, son detallistas y previsoras. Les gusta confiar en las personas, van con la verdad por delante y son grandes compañeros.

Son personas de pensamientos constantes, variados y veloces. De naturaleza precavida, los Seis planifican diferentes alternativas y tienen en cuenta varias opciones a la hora de tomar decisiones para que las crisis o problemas no les pillen desprevenidos. Todo está procesado y analizado al detalle.

En condiciones de estrés, conectan con la ansiedad, vislumbran problemas donde no los hay y se preocupan en exceso por el futuro. Les avasallan las dudas, el miedo y la incertidumbre. Les cuesta tomar decisiones, confiar en las personas, y se vuelven exigentes e irritables.

Equilibrados son:

- Seguros
- Valientes
- Leales
- Empáticos
- Compañeros
- Responsables
- Precavidos
- Cariñosos

En estrés son:

- Desconfiados
- Ansiosos
- Miedosos
- Dubitativos
- Paranoicos
- Defensivos
- Impredecibles
- Controladores

Aspectos positivos de ser un Seis:

- La responsabilidad a la hora de hacer las cosas de forma correcta.
- Trabajar de un modo eficiente durante largos periodos de tiempo.
- No descuidar ni un solo detalle y tenerlo todo controlado.

- La lealtad y el compañerismo con amigos, familiares y seres queridos.
- Anticiparse a los problemas que puedan ir surgiendo, ya que todas las posibilidades están contempladas.
- Empatizar con los demás y brindarles su apoyo cuando lo necesiten.
- Bajar a tierra conceptos e ideas para que se ejecuten.
- El cariño y el amor que brindan al grupo selecto de personas que se ganaron su confianza.

Aspectos menos agradables de ser un Seis:

- La duda constante a la hora de tomar decisiones.
- La parálisis por análisis. Se ven incapaces de pasar a la acción ante un mundo de dudas.
- La poca confianza que tienen en su propio criterio.
- La desconfianza hacia el resto de las personas. Temen que se aprovechen de ellos.
- Los pensamientos catastróficos que les inundan la mente.
- Sentirse atacados y ponerse a la defensiva con facilidad.
- La autoexigencia y la crítica excesivas hacia su persona.
- Conectar con la ansiedad de manera recurrente.

Motor de sus comportamientos: La seguridad. Es el deseo de sentirse a salvo y de formar parte de un grupo o colectivo que apoye sus pensamientos y modos de ver la vida. Quieren tener certezas a la hora de tomar decisiones, saber que van por el camino correcto.

Punto débil: La duda. A la hora de tomar decisiones, mantienen un constante tira y afloja, que puede llegar a anularles toda conexión con su propia intuición.

Objetivo emocional: La convicción. Es la capacidad de conectarse con su intuición corporal y emocional, y saber que es el camino adecuado a seguir.

Talón de Aquiles mental: La cobardía. Es una infravaloración de su propio criterio para someterse a las órdenes de terceras personas y no atreverse a seguir su propio camino.

Cualidad aspiracional: La confianza. Es la capacidad de superar el miedo, hacerse responsable de las propias decisiones y tener la determinación para dar pasos coherentes con lo que uno siente.

Qué les genera estrés: El miedo a ser juzgados.

Miedo básico: No tener apoyo ni orientación.

Deseo básico: Sentirse seguros sabiendo qué camino tomar en sus vidas.

Una característica que destaca: La fidelidad. Los Seis son personas comprometidas con sus seres queridos. Están dispuestos a ayudarlos y serles leales. Tienen en gran consideración las necesidades de sus allegados.

Qué valoran en otras personas: La confianza, la lealtad, que sean directas, la protección, el compromiso y la entrega.

Qué les molesta de otras personas: La desconfianza, la ambigüedad, el libertinaje, el incumplimiento de reglas, el cambio constante.

Cómo incordian a los demás: Con falta de confianza, inseguridades, dudas, poniendo a prueba la lealtad de los demás.

Cómo abordan problemas: Desde la ansiedad de no entender por qué se les ha escapado algo. «Esto no lo tenía previsto. Voy a centrarme en qué más puede fallar y buscar planes B, C y D».

Les cuesta cobrar consciencia de: La tendencia a exigir. Los Seis no suelen ser conscientes de su tendencia a exigir y las consecuencias que esto les trae en sus relaciones. Puesto que no confían en su propio criterio, exigen a los demás que tomen decisiones que les beneficien a ellos. Si no lo logran, conectan con la queja.

Cómo se comunican: Suelen analizar, cuestionar, dudar y hacer planteamientos internos y externos. Mientras hablan, buscan confirmar sus sospechas mediante preguntas y repreguntas en un juego mental muy rápido y ágil, intentando atar cabos sueltos. Utilizan con frecuencia las expresiones «¿Y si?», «¿Tú qué opinas?», «¿Cómo lo harías?», «No sé».

Piedra con la que tropiezan a menudo: Dejan las decisiones en manos de terceros. Se sienten cómodos delegando la responsabilidad de elegir y dejando que terceras personas tomen las decisiones que a ellos tanto les cuestan. Se les olvida que tienen esa fuerza interior para tomar las riendas de su vida manteniéndose fieles a sus valores y sentimientos.

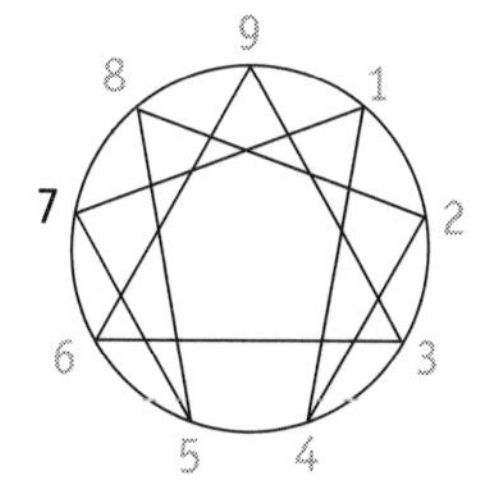

EL ENEATIPO SIETE

Características generales

Los Siete son personas que buscan sentirse felices, entusiastas y estimuladas en todo lo que hacen. Son optimistas, juguetonas, animadas y tienen una gran capacidad de disfrutar con lo que hacen. Irradian energía, buenas vibraciones en el ambiente y consideran que la vida es un juego, que hay que divertirse y probar multitud de cosas.

El cambio constante es una de sus características principales. Suelen divertirse al principio, pero se aburren rápidamente en sus trabajos y relaciones o con la rutina. Les encantan los desafíos, ponerse retos, y en general tienen una gran capacidad para fantasear, comunicar sus ideas y conectar con otras personas. Su vida gira en torno al placer.

En condiciones de estrés, tienden a ser impulsivos y a tomar decisiones sin medir las consecuencias. Les cuesta conectar con el dolor y la tristeza, por lo que van parcheando y evadiendo situaciones incómodas de su vida. Son narcisistas, egoístas y exagerados cuando no están equilibrados emocionalmente.

Equilibrados son:

- Alegres
- Espontáneos
- Creativos
- Productivos
- Visionarios
- Curiosos
- Confiados
- Resolutivos

En estrés son:

- Impacientes
- Rebeldes
- Indomables
- Narcisistas
- Engañosos
- Impredecibles
- Autodestructivos
- Inquietos

Aspectos positivos de ser un Siete:

- Son alegres, disfrutan con lo que tienen y valoran la vida que llevan.
- Son personas auténticas, espontáneas y únicas.
- Les mueve el hecho de aportar su granito de arena para convertir el mundo en un lugar mejor.

- La adaptabilidad al cambio.
- Ver lo positivo de las situaciones que están viviendo.
- Utilizan sus diversos intereses y habilidades para mejorar como personas.
- Valentía y decisión a la hora de tomar decisiones y asumir riesgos.
- La ambición por ver, probar y experimentar cosas nuevas.

Aspectos menos agradables de ser un Siete:

- Pensar que pueden llevar a cabo todas las ideas que se les pasan por la cabeza.
- Aburrirse pronto, abandonar y dejar a medias lo que han comenzado.
- Ser inconstantes y peligrosamente cambiantes de opinión.
- No profundizar ni especializarse y tocar diferentes temas de puntillas.
- Ser intransigentes, indisciplinados e imprudentes.
- Falsear y exagerar la realidad en beneficio propio.
- Centrarse en sus propios intereses y olvidarse de los demás.
- Comportarse de forma inmadura y no asumir responsabilidades.

Motor de sus comportamientos: La estimulación. Es el deseo de estar contentos, motivados, estimulados y sentir adrenalina en todo lo que hacen. No quieren aburrirse ni conectar con la tristeza y la desidia.

Punto débil: La insaciabilidad. Nunca nada puede llegar a ser suficiente. Quieren estar abiertos a un mundo de posibilidades.

Objetivo emocional: La sobriedad. Adquirir la capacidad de estar presentes, de calmar la mente, centrarse en una sola cosa a la vez y disfrutar con lo que están haciendo sin necesidad de buscar constantes estímulos externos.

Talón de Aquiles mental: La proyección a futuro. Es una tendencia a no conectar con lo importante y perderse planificando algo mejor que lo que están haciendo en el presente.

Cualidad aspiracional: El compromiso. Es la necesidad de esforzarse, implicarse y centrarse en una sola cosa a la vez en lugar de derramar pensamientos variados y sin rumbo. Deben comprometerse a acabar lo que empiezan.

Qué les genera estrés: La falta de libertad.

Miedo básico: A quedarse atrapados en el dolor, en el vacío.

Deseo básico: Sentirse estimulados, felices y libres.

Una característica que destaca: El entusiasmo. Son como unas bombillas de luz que irradian felicidad, alegría y entusiasmo por todo aquello que hacen. Son capaces de aportar esa chispa de buen humor a quienes los rodean.

Qué valoran en otras personas: Que les dejen espacio, alegría, entusiasmo, independencia, despreocupación, creatividad, iniciativa y acción.

Qué les molesta de otras personas: La crítica, la rigidez mental, la queja, el pesimismo, la inacción, la pasividad.

Cómo incordian a los demás: Con falta de compromiso, cambio constante, exceso de energía e incumplimiento de su palabra.

Cómo abordan los problemas: Desde la despreocupación y el optimismo. «No te preocupes, todo pasa por algo. Me ocuparé de que todo salga bien».

Les cuesta cobrar consciencia de: Su dispersión constante. Son proclives al *multitasking* y a la variedad de pensamientos y acciones. Les resulta difícil mantener el foco en una sola cosa a la vez, por lo que las distracciones son frecuentes. Si hay un mínimo indicio de hastío, buscarán nuevas maneras de estimularse, lo que genera una dispersión constante.

Cómo se comunican: Suelen hablar de forma exagerada, estrafalaria y con descaro. Les gusta ser el centro de atención, que los miren y captar el interés de los que los rodean. Se comunican con facilidad de palabra, que combinan con anécdotas divertidas y sin profundizar en conversaciones dolorosas o negativas.

Piedra con la que tropiezan a menudo: Pensar en el futuro. Idealizan situaciones, viajes y actividades que harán en un futuro o que están sucediendo en estos momentos y en los que ellos no están presentes. No son conscientes de la fuente inagotable de sufrimiento, desconexión e insatisfacción crónica que ellos mismos alimentan.

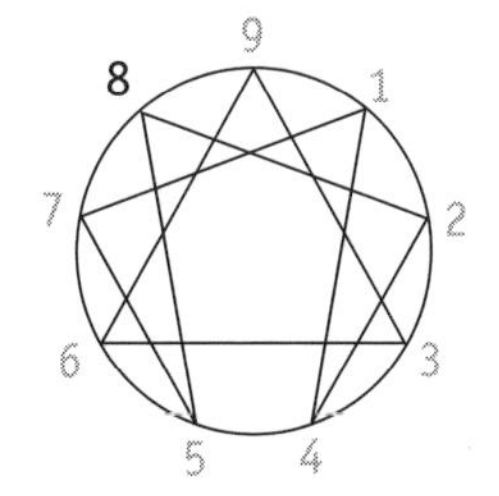

EL ENEATIPO OCHO

Características generales

Los Ocho son personas fuertes, decididas y motivadas por la necesidad de sentirse poderosas. Suelen asumir el control de todo lo que les rodea, les gusta hacerse cargo y responsables de sus asuntos y los de su familia. Son directos a la hora de expresarse y tienen muy claro lo que quieren y lo que no.

Son líderes natos, seguros de sí mismos, y poseen una alta capacidad de asumir riesgos y enfrentarse a situaciones delicadas con fuerza y valentía. Son trabajadores, persistentes y les gusta conquistar, alcanzar objetivos y lograr lo que se proponen. Son propensos a hablar en tono desafiante, con ímpetu, y despotrican abiertamente sin miedo a que los juzguen.

En condiciones de estrés, son capaces de conectar con la violencia verbal, emocional e incluso física. Son bruscos, duros, reactivos y vengativos. Tienden a abrumar a las personas con exigencias y a estar muy encima de los demás. No suelen medir las palabras ni las consecuencias de sus reacciones impulsivas, lo que les genera problemas en las relaciones personales.

Equilibrados son:

- Seguros
- Directos
- Leales
- Comprometidos
- Protectores
- Justos
- Solidarios
- Enérgicos
- Poderosos
- Líderes

En estrés son:

- Agresivos
- Manipuladores
- Iracundos
- Controladores
- Dominantes
- Fríos
- Indomables
- Vengativos
- Reactivos
- Impositivos

Aspectos positivos de ser un Ocho:

- Tener criterio propio y ser independientes a la hora de pensar.
- Ser capaces de ponerse diferentes objetivos y cumplirlos.
- Detectar y enfrentarse a causas injustas.
- El apoyo incondicional a sus seres queridos.
- Afrontar la vida y los retos con valentía y de forma directa.
- Gran seguridad en sí mismos.

Aspectos menos agradables de ser un Ocho:

- Su reactividad desmesurada y su carácter explosivo.
- No olvidar las heridas ni las injusticias.
- Abrumar y atosigar a los demás con su constante exigencia.
- La agresividad con la que pueden tratar a los demás.
- No expresar su vulnerabilidad ni sentimientos.
- Ponerse nerviosos cuando no les obedecen.

Motor de sus comportamientos: Sentirse poderosos. Quieren ser poderosos, tener el control de las situaciones para mandar, hacer y deshacer a su antojo. No les gusta que los manejen ni depender de otras personas.

Punto débil: El autoritarismo. No son conscientes de su tendencia a ser abusivos, controladores y hasta opresivos ni de las consecuencias que eso tiene en sus relaciones con los demás.

Objetivo emocional: La relajación. Aspiran a este estado en el que sientan que pueden bajar la guardia y estar tranquilos y relajados, y no en constante lucha, como aparentan habitualmente. En esta fase superan el miedo a parecer frágiles enseñando sus debilidades.

Talón de Aquiles mental: No ceder. Pueden volverse personas rígidas de pensamiento y no querer mirar sus propios errores o la forma en que se están relacionando. El hecho de no ceder ni negociar con los demás es causa frecuente de conflicto.

Cualidad aspiracional: La moderación. Consiste en que puedan abandonar esa sensación de que necesitan controlarlo absolutamente todo. Empiezan a moderar sus palabras y comportamientos bruscos.

Qué les genera estrés: Que los acorralen y se les impongan.

Miedo básico: A ser controlados por los demás.

Deseo básico: Sentirse poderosos, libres e independientes.

Una característica que destaca: La energía. Son personas decididas, pasionales e intensas. Contagian su determinación en aquello en lo que se implican. Son un volcán rebosante de acción y seguridad.

Qué valoran en otras personas: Que les sean francos, directos, la seguridad, la confianza, la lealtad, los valores y la claridad.

Qué les molesta de otras personas: La falta de concreción, el engaño, los titubeos a la hora de tomar decisiones y el alardeo.

Cómo incordian a los demás: Presionando, exigiendo, controlando, mediante hostilidad, terquedad y menosprecio.

Cómo abordan los problemas: Inician un punto de inflexión y se hacen responsables de lo que esté a su alcance. «Es hora de coger el toro por los cuernos».

Les cuesta cobrar consciencia de: Su abuso. Consideran que actúan de manera directa e intensa para ayudar a los demás, pero no son capaces de ver que incluso abusan de personas con tendencia a mostrar cierta vulnerabilidad e indeterminación.

Cómo se comunican: Suelen imponer, mandar y dirigir con sus mensajes. La culpa, la amenaza y la manipulación pueden estar muy presentes en sus formas y mensajes. Tienen un estilo intimidante, suelen mirar fijamente a los ojos a los demás y dicen las cosas como las piensan.

Piedra con la que tropiezan a menudo: El control absoluto. Quieren controlar a su familia, el entorno laboral y a cualquiera que esté en su círculo de influencia. Si las cosas no se hacen como ellos dicen, suelen volverse personas rígidas y desafiantes. Son incapaces de ver que abriendo la mente y negociando pueden encontrar puntos intermedios con el fin de llevar una vida más relajada y tranquila.

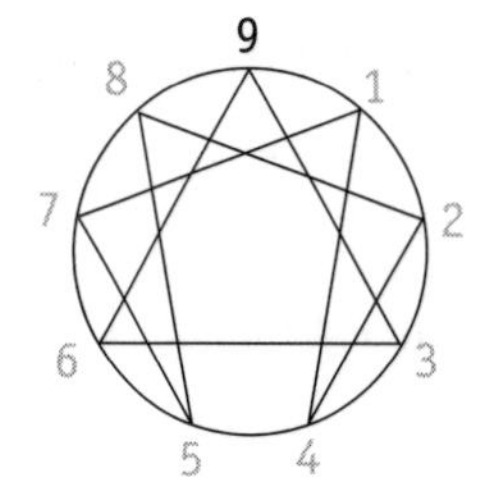

EL ENEATIPO NUEVE

Características generales

Los Nueve buscan llevar una vida pacífica, tranquila y sin conflictos. Les gusta vivir bien, tener su espacio personal y sentirse cómodos en todo lo que hacen. Las demás personas se sienten movidas a hablar con ellos debido a la empatía y la gran capacidad de escucha que poseen.

Son mediadores por naturaleza. Tienen la virtud de ver diferentes puntos de vista y escoger uno que al resto de las personas les vaya bien. Perciben las necesidades de los demás y son capaces de conectar bondadosamente con los otros. Son trabajadores, pero van a su ritmo: sin pausa, pero sin prisa. Suelen ser prudentes, puntuales y de rutinas marcadas.

En condiciones de estrés, pueden llegar a ser inflexibles y desagradables si consideran que no se los tiene en cuenta. Experimentan ira, pero no suelen expresarla y guardan el conflicto internamente.

Los Nueve se olvidan de sus propias necesidades y se adaptan y mimetizan en exceso con el entorno. Pueden comportarse de forma distante, insensible y desconfiada si sienten que se están aprovechando de ellos.

Equilibrados son:

- Empáticos
- Mediadores
- Generosos
- Tranquilos
- Ayudadores
- Amorosos
- Pacientes
- Diplomáticos
- Asertivos
- Cooperativos

En estrés son:

- Olvidadizos
- Apáticos
- Procrastinadores
- Perezosos
- Acomodados
- Explosivos
- Temerosos
- Cohibidos
- Tercos
- Obsesivos

Aspectos positivos de ser un Nueve:

- Capacidad de no criticar ni juzgar a los demás.
- Facilidad a la hora de encontrar un punto medio por el bien común.
- Ser capaces de relajarse y disfrutar del presente de forma consciente.
- Atraer a las personas a que les expresen sus sentimientos.
- Generosidad a la hora de ayudar y ocuparse de sus seres queridos.
- La energía armónica que irradian y contagian allá donde van.

Aspectos menos agradables de ser un Nueve:

- Decir que sí cuando internamente sienten que tienen que decir que no.
- Criticarse a sí mismos cuando no se ven con iniciativa.
- Preocuparse en exceso por lo que los demás pensarán de ellos.
- Procrastinar la toma de decisiones y diferentes acciones.
- Infravalorar sus capacidades innatas.
- Pueden ponerse una máscara por el hecho de no posicionarse nunca.

Motor de sus comportamientos: Estar en paz. Los Nueve se esfuerzan por estar en paz y tranquilos. Quieren armonía con el mundo, en sus relaciones y consigo mismos. No les interesa llamar la atención de los demás y prefieren pasar algo más desapercibidos.

Punto débil: La inacción. Los Nueve entran en un estado de pereza en el cual son capaces de evitar lo que realmente sienten. Se mimetizan con los demás, pierden su identidad y actúan por y para los otros.

Objetivo emocional: La mirada interior. Consiste en poner el foco dentro, evaluar lo que para ellos es verdad y seguir la decisión de su sentir para recuperar la «conexión» consigo mismos.

Talón de Aquiles mental: Olvidarse de sí mismos. Viven entre lo que realmente desean hacer y lo que es mejor para el bien común. Conectan con grandes problemas de autoestima y seguridad para saber hacia dónde ir.

Cualidad aspiracional: El amor. Los Nueve suben un peldaño emocional cuando superan la necesidad de mimetizarse con los demás por miedo a no pertenecer, quedar excluidos o generar un conflicto. Ahí es cuando conectan con el verdadero amor por su persona, su valía y la vida.

Qué les genera estrés: El miedo a que no se les tome en serio.

Miedo básico: A entrar en conflicto, a perder la conexión con los demás.

Deseo básico: Estar en paz, tranquilos y sin grandes sobresaltos.

Una característica que destaca: El equilibrio. Los Nueve tienen la capacidad de permanecer equilibrados y vivir en armonía pese a estar experimentando momentos malos a su alrededor. También consiguen que la gente se sienta segura, cómoda y relajada a su lado.

Qué valoran en otras personas: La tranquilidad, la sinceridad, la persistencia, el optimismo, que respeten sus tiempos y que hablen desde el corazón.

Qué les molesta de otras personas: Que los presionen, que sean problemáticas, la arrogancia, la brusquedad y el ritmo frenético.

Cómo incordian a los demás: Con su desidia, la agresividad encubierta, la indecisión, el no posicionarse frente a lo que ocurre e incumpliendo sus compromisos.

Cómo abordan los problemas: Desde la calma y la mediación. «Entiendo vuestros puntos de vista, pero mejor que nos juntemos y encontremos una solución buena para todos».

Les cuesta cobrar consciencia de: La ira que guardan dentro. Tienen dificultades para expresar la ira que acumulan en su interior. Van guardando, aceptando y tolerando actitudes y comportamientos con los que no están de acuerdo. Hasta que llega el día en el que estallan emocionalmente. No suele ser frecuente, pero sí potente.

Cómo se comunican: Suelen hacerlo con un tono relajado, de cooperación y unión con las personas. Se expresan desde el respeto, la tranquilidad y poniendo sobre la mesa lo que consideran que es beneficioso para los demás. Tienden a abusar del «sí», «me da igual», «elige tú» o «lo que prefieras» y se les olvida utilizar más el «no».

Piedra con la que tropiezan a menudo: Dicen que sí cuando sienten que es un no. Los Nueve tienen la creencia de que decir que no les puede acarrear un conflicto con los demás. Por eso van diciendo que sí a propuestas, acciones o situaciones que en realidad no quieren aceptar. Y el conflicto que se generan a sí mismos es interno.

ASPECTOS QUE TENER EN CUENTA

Cada cual es responsable de hacer el uso que considere adecuado del eneagrama, pero debes tener algo claro: no es un juego ni un sistema de etiquetaje. Es una herramienta que, bien entendida y utilizada con responsabilidad, puede ayudarte mucho a comprender el comportamiento humano.

Ahora bien, para poder utilizar el eneagrama a tu favor, para que te sea útil, debes tener en cuenta los siguientes puntos:

- Pese a que todos tenemos un eneatipo dominante, también contamos con rasgos de los otros ocho.

- Todo lo que se exprese de un eneatipo no significa que tú lo estés experimentando o lo hayas vivido con antelación. Algunas descripciones concretas de tu tipo de personalidad pueden no coincidir con tu persona.

- El eneagrama no anula tu individualidad. Cada ser humano es único e irrepetible.

- Si por creer que con solo saber el eneatipo de una persona ya la conoces, déjame decirte que estás totalmente equivocado.

- No hay eneatipos mejores o peores que otros. Todos tienen su parte luminosa y sus aspectos que mejorar.

- Evita etiquetar y evita precipitarte a la hora de creer conocer el eneatipo, tanto el tuyo como el de otra persona. No vayas de listo adivinando tipos de personalidad, no es un juego.

- Sé cauteloso y no des por sentado que ciertos comportamientos te están proporcionando toda la información sobre terceras personas. Desconoces los verdaderos miedos, deseos y motivaciones de los demás para comprender con certeza el porqué de su comportamiento.

- Lo importante en las personas, en realidad, no es el eneatipo, sino su estado interno.

- El eneagrama es una herramienta para expandirnos, no para encasillarnos.

- Aprende a observarte y a aceptarte de manera amistosa.

- Tu objetivo no es meterte en una caja de comportamientos y directrices, sino darte cuenta de que ya estás en una y tratar de salir de ella.

- Aprovecha el eneagrama para avanzar en tu crecimiento personal. Sé eficaz con el uso de la herramienta.

- No dejes que nadie te diga cuál es tu eneatipo. La última palabra la tienes tú y debe llegar gracias a un profundo y honesto viaje de autoconocimiento.

- En realidad, no existen solo nueve tipos de personalidad; debido a los subtipos, hay veintisiete. En este libro no ahondaré en ellos, pero te invito a ahondar con el objetivo de conocerte en profundidad.

- No solo propongo una identificación, sino también un viaje al centro del símbolo del eneagrama con el objetivo de que dejes atrás tu eneatipo y puedas conectar con la esencia de los nueve. Es decir, del ser humano y todas sus posibilidades.

- El eneagrama no lo explica todo ni tiene todas las respuestas. Traza tu propio camino y construye una vida mejor gracias a sus enseñanzas.

Recomendaciones adicionales

En cada uno de los eneatipos, habrás visto un apartado llamado «motor de sus comportamientos», que explica desde dónde actúa cada tipo de personalidad. Es un aspecto clave para poder descubrir nuestro eneatipo en caso de posibles (y lógicas) dudas.

Dos personas con eneatipos diferentes pueden tener rasgos de conducta idénticos o toma de decisiones iguales ante una determinada situación, pero el motor, la raíz, el para qué están haciendo lo que hacen puede ser diferente por más que el comportamiento visible sea el mismo.

Es decir, imagina que a dos personas de la misma empresa y el mismo departamento les proponen un ascenso. Ante este nuevo reto profesional, un eneatipo Seis puede aceptar la oferta porque considera que le proporcionará más seguridad en la vida tener mejores condiciones económicas y más responsabilidades.

Sin embargo, un eneatipo Siete podrá aceptar la oferta, pero motivado por el mero hecho de que será un nuevo escenario en el que se moverá, conocerá gente nueva y se sentirá estimulado por hacer cosas diferentes.

Misma decisión, enfoque diferente. El eneatipo Seis honra su motor de comportamiento de sentirse seguro, y el Siete, el suyo de estar constantemente estimulado.

Esto explica que sea más conveniente y acertado buscar las motivaciones internas que nos mueven a comportarnos como lo hacemos que no solo quedarnos en la superficie y hacer afirmaciones universales sobre rasgos y conductas.

Por otro lado, un abordamiento que también ayuda a situarnos es ir «jugando» con el símbolo. Me explico: si una persona tiene dudas sobre si se identifica más con un eneatipo Seis o con un eneatipo Dos es importante que se centre en las flechas a las que está conectado dicho eneatipo.

En caso de que sientas que eres un eneatipo Seis, profundizar en los eneatipos Nueve y Tres te ayudará a obtener más claridad para saber si vas por buen camino a la hora de descubrir tu eneatipo dominante.

Por el contrario, si consideras que puedes ser un eneatipo Dos, deberías ahondar en el Ocho y el Cuatro para saber si estás en lo cierto.

Ahora te invito a acompañarme en los próximos capítulos, así descubriremos cómo te comportas tú con el dinero.

2

Los nueve eneatipos y su relación con el dinero

En este capítulo ahondaremos en la relación específica que cada eneatipo tiene con el dinero. Aquí comprenderás de manera clara y sencilla los patrones de conducta financieros del pasado que te han llevado al punto en el que estás ahora.

Descubrirás aquello que se te da bien de un modo natural en lo relativo al dinero, cuáles son los aspectos que debes mejorar, los errores económicos que sueles cometer con mayor frecuencia, cómo tiendes a pensar de forma inconsciente en el dinero, cómo conectas con la abundancia, de qué manera acabas enroscándote en la escasez, cuáles son tus deseos financieros y cuáles tus miedos monetarios.

El objetivo de esta parte es que hagas consciente lo que sale automáticamente para que puedas situarte y fortalecer tus puntos débiles. Irás sanando la relación con el dinero para conectar de forma natural con la verdadera riqueza, aquella en la que uno controla su vida gracias a una buena tranquilidad económica.

Desde que profundicé en el eneagrama en 2015, decidí utilizarlo a mi favor en el mayor número posible de áreas de mi vida.

Me ayudó a mejorar la relación conmigo mismo y con los demás, y también me catapultó a nivel profesional.

Sin embargo, después de años de estudio, puedo afirmar que donde más impacto han tenido mis conocimientos sobre el eneagrama es en mi faceta económica. Gracias a que entrelacé dichos conocimientos con mis finanzas, he visto incrementada mi inteligencia económica y he podido resolver todo tipo de problemas financieros personales.

Saldé deudas, aumenté mis ingresos, reduje mis gastos, multipliqué mi capacidad de ahorro, puse mi dinero a trabajar y logré un equilibrio económico que nunca había tenido.

Dinerograma sirve para poner orden en el desorden económico y para saber qué hacer con el ahorro, la inversión, los gastos y la facturación basándote en quien eres. En pocas palabras, te impulsa a tener mayores habilidades para resolver problemas de dinero.

Ganar en inteligencia económica es posible si sabes desde dónde partes, y para ello necesitamos el mapa del eneagrama. Soy un fiel defensor de que la habilidad de gestionar mejor el dinero se entrena, se busca y se aprende.

Y a medida que evolucionas, tu mente empieza a capacitarse para tener más opciones y aprovechar nuevas oportunidades. Lo que antes ni siquiera veías, con la inteligencia económica comienzas a entenderlo.

Con el método planteado en este libro no te volverás un experto en dinero y finanzas, sino que adquirirás conocimientos y habilidades necesarios para dominarlos de manera efectiva y práctica a partir de tu tipo de personalidad.

Insisto: no serás ministro de Economía, pero te garantizo

que dominar el juego del dinero con tus reglas puede cambiarte la vida.

Pese a que la gran mayoría de las teorías relacionadas con la gestión del dinero y las inversiones son relativas y tienen que amoldarse a cada persona, es evidente que incrementar nuestra inteligencia financiera nos asegura un mejor futuro personal, profesional y económico.

Dicen que el dinero no da la felicidad ni soluciona todos los problemas. Pero si de algo estoy convencido es de que la pobreza tampoco te da la felicidad y el dinero sí que soluciona todos los problemas… económicos.

Y para el mundo en el que vivimos eso ya es mucho. Por lo tanto, más nos vale estar preparados sabiendo cuál es nuestra relación con el dinero para poder vivir mejor.

¡Vamos a descubrirla!

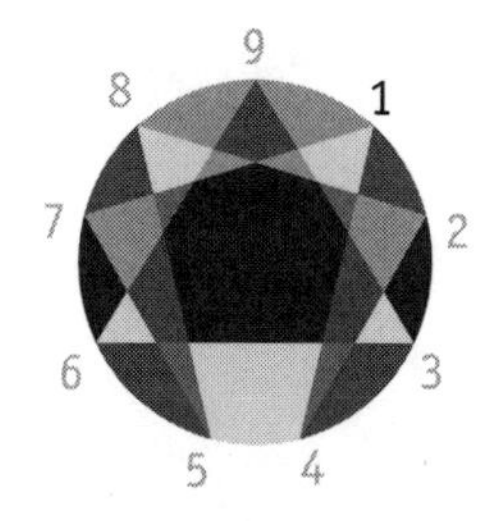

EL ENEATIPO UNO Y EL DINERO

> Jamás he debido dinero a nadie. Me gusta pagar al día y sin retrasos. También exijo que conmigo hagan lo mismo. Tengo automatizados los pagos para que cada día uno se hagan todos efectivos. Me gusta cumplir y tener mis finanzas ordenadas.

Javier es abogado, trabaja en un despacho en el centro de Madrid y gana un salario con el que se siente cómodo a pesar de la gran cantidad de horas que dedica a su trabajo. Como buen Uno, tiene un control férreo de lo que ingresa y gasta, aunque reconoce que puede afectar a la relación con su entorno:

> Yo vivo a partir de presupuestos muy meditados. Intento no salirme de ellos. Reconozco que en la mayoría de las ocasiones soy cuadriculado y algo rígido con cada euro de mi presupuesto. A veces logro relajarme, pero el orden y el control están muy presentes en mi economía personal y familiar.

Para los Uno, tener sus finanzas en orden les da tranquilidad. Así lo explica Javier:

> No suelo gastar más de lo que tengo. No necesito grandes lujos ni suelo endeudarme para comprar cosas. Siempre estoy al día con los pagos, me gusta cumplir con mis obligaciones. Cuando pago me siento bien, como que he cumplido con mi deber.

Isabel, madre de Javier, cuenta que a los catorce años su hijo decidió hacerse vegetariano por voluntad propia pese a que en la familia no había nadie que no comiera carne. Que la familia gastara dinero en empresas que no estuvieran alineadas con su manera de pensar y ver la vida creaba conflictos en casa.

> No le gustaba que consumiéramos productos o servicios con los que él no comulgaba. Nos aleccionaba diciendo que cada euro que gastáramos debería tener un sentido ético y moral.

Este eneatipo es capaz de mostrarse muy crítico a la hora de juzgar los hábitos de consumo de otras personas, señalar irregularidades o desconfiar de la procedencia del dinero de terceros. Incluso puede tener problemas de relación o cortar alguna de ellas por un choque de ideologías.

El Uno juzga, critica y valora desde su prisma arrogante, pudiendo llegar a no empatizar con los demás. Para este eneatipo, su forma de ver el dinero y todo lo relacionado con este es la forma correcta de comportarse que deberían tener las personas.

Uno de los grandes retos del Uno con el dinero es aprender a reconducir su plan cuando los resultados no son los esperados, ya que, en la práctica, pocos planes mentales e ideales sobreviven cuando se bajan a tierra.

Por lo tanto, cuanto mayor sea su capacidad para adaptarse a la realidad, aun desviándose de lo que inicialmente creía, mejor le irá. De esta manera podrá llevar a cabo un plan acorde a lo que necesita teniendo en cuenta que el futuro es incontrolable y está lleno de incógnitas.

Habilidades:

- ✧ Consiguen que los números cuadren. Al tener un control de sus finanzas, suelen estar saneadas.

- ✧ Son previsores. Llevan a cabo una buena gestión del dinero pensando en el medio y largo plazo.

- ✧ Son éticos y responsables. No engañan y son de fiar.

Aspectos que mejorar:

- ✧ Pueden llegar a obsesionarse con el dinero, los presupuestos y el orden.

- ✧ Son proclives a caer en la tacañería, hacia sí mismos o hacia los demás.

- ✧ En el lado opuesto y con su flecha al eneatipo Siete, pueden volverse derrochadores e insaciables con sus compras y productos.

¿Qué los conecta con la escasez? Las restricciones. En ocasiones se limitan económicamente hasta un extremo obsesivo. Restringen su vida y la de los demás cuando saben que se saltan algún presupuesto. Pueden llegar a condicionar su vida emocional, de pareja o familiar por el dinero.

¿Qué los conecta con la abundancia? Soltar el control. Abrirse a nuevas posibilidades y adentrarse en terrenos que todavía no conocen. Por ejemplo, estudiar sobre nuevas inversiones y abrirse a probar nuevos productos financieros (que incluso condenaban por falta de información) les hace confiar más en la vida, fluir con lo que les viene.

Estrategia con el dinero: Orden. Los Uno ven el orden como una defensa contra el caos. Les gusta tener su vida controlada y que funcione de forma ordenada y simple. Para ellos muchas veces no se trata de tener más o menos dinero, sino de tener lo adecuado, lo que necesitan.

Deseos económicos: Tener las cuentas en regla, estar al corriente de pagos y ser honestos.

Miedos monetarios: A no ser transparentes con el dinero, a quedar como una persona mala o corrupta.

Pensamiento dominante: «Si tengo orden con mi dinero, tengo el control de mi vida».

El dinero les permite: Ser fieles a sus ideales de mejorar el mundo.

¿Cómo pueden desconectarse de la energía del dinero? Debido a la rigidez. El hecho de hacer siempre lo mismo y no abrirse a diferentes posibilidades puede provocar que no les guste arriesgar ni probar nuevas experiencias con el dinero.

¿Qué tienen que aprender? A dejarse llevar. La paradoja de los Uno es que, cuando se obsesionan por el orden y el control con sus finanzas, se desequilibran. En el momento en que se permiten fluir y abrirse a nuevas posibilidades sin necesidad de un control severo es cuando van viviendo la vida de forma más espontánea y alegre.

Los eneatipo Uno como compradores: Son rigurosos con las reglas, suelen pedir todo tipo de detalles y les gustará leer la letra pequeña para saber si lo que están comprando es lo correcto. Otorgan suma importancia a la relación calidad/precio. Aunque no es algo definitivo a la hora de comprar, priorizan la utilidad. Necesitan encontrar un uso claro a todo aquello que compran.

Antes de hacer un gasto, es frecuente que se hayan dejado influenciar por personas de confianza. También suelen leer comentarios y testimonios de otros compradores, poniendo énfasis en los de carácter técnico. Tienden a no despilfarrar e invierten en aquello que suponga una mejora para su día a día o el de su familia.

Para venderle a un eneatipo Uno es recomendable que te muestres cercano a él, no entrarle de una manera agresiva, y que te vea como especialista en la materia. Tienen que comprobar que el producto o servicio que compran tendrá un uso claro, de lo contrario pueden descartarlo. No hay que cerrar la venta rápido ni presionarlos.

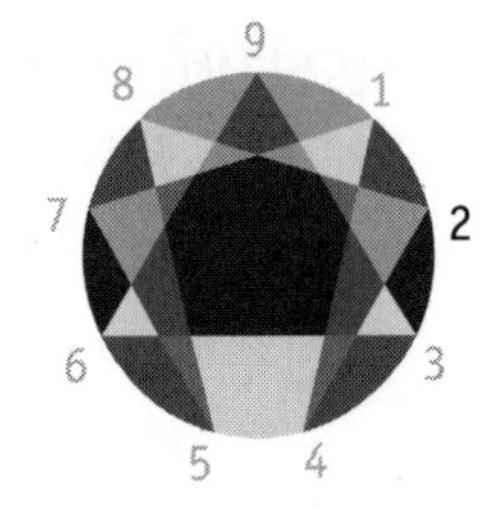

EL ENEATIPO DOS Y EL DINERO

> Mi dinero me lo he ganado con esfuerzo, y yo decido qué hago con él. Me gusta gastármelo en mis hijas, así las ayudo. En parte, es una forma de demostrarles mi amor. A la gente le gusta sentirse querida, y a mí me gusta ser generosa y agradecida.

Natalia tiene 56 años, trabaja como chef, está separada y tiene tres hijas, de 20, 23 y 27 años. Es una apasionada de las relaciones humanas y de las personas. Hace jornadas maratonianas en un restaurante a las afueras de Valencia.

Como eneatipo Dos, Natalia se centra en ser amada y en conectar con las personas a través del dinero, y es capaz de destinar los recursos que hagan falta para que sus seres queridos estén cómodos y puedan ahorrarse trabajo, dinero o tiempo.

> Tiendo a gastar gran parte del dinero que gano en la gente de mi círculo, sobre todo en mis hijas, pese a que ya son mayores. Les compro ropa si van mal de dinero, las invito a cenar o voy al supermercado a hacerles la compra.

Antes de gastarse dinero en ellos mismos, los Dos pueden darlo a sus familiares y contribuir a que ellos se sientan bien. Es frecuente verlos en un círculo vicioso en el que consideran que, para recibir amor, deben estar encima de otras personas, enfocarse en ellas, cubrir sus necesidades y ser indispensables para los demás.

Como consecuencia de este patrón de conducta, pueden llegar a tener problemas económicos, gastando de forma despreocupada y viéndose inmersos en situaciones que no deberían.

El hecho de sentirse egoístas por dedicarse tiempo, dinero y energía a ellos mismos es una creencia arraigada que arrastran muchos eneatipo Dos.

> Desde pequeña pienso que si me gasto el dinero en mí esto es ser egoísta. Incluso siento cierta culpa cuando dedico dinero a algo que me gusta sabiendo que hay gente a mi alrededor que lo necesitaría para otra cosa más importante que mis propias necesidades o caprichos.

Sin embargo, en su proceso de madurez, los Dos descubren que la verdadera abundancia surge cuando empiezan a mirar dentro y a priorizarse.

Carlos, expareja de Natalia, dice que ella «ha aprendido a no dejarse en segundo plano. Ahora se permite gestionar su dinero poniéndose a ella como prioridad. Cuando convivíamos, no podía entender cómo se quedaba sin dinero el día veinte de cada mes».

La madurez llega con la responsabilidad:

He aprendido que no soy la salvadora de la vida de nadie. Ahora, incluso me permito cuidarme a mí misma. Me premio gastando dinero en mis propias necesidades o caprichos después de tanto sacrificio que he hecho a lo largo de mi vida.

Aspectos positivos:

- ✧ Generosidad y desapego con el dinero cuando conectan con el objetivo de ayudar de forma real y altruista a sus seres queridos.
- ✧ Dedicación y compromiso a la hora de conseguir dinero y trabajar para estar mejor.
- ✧ Buen equilibrio entre lo que entra y sale de dinero tanto a nivel personal como con los demás.

Aspectos que mejorar:

- ✧ Aprender a priorizarse e invertir dinero en ellos mismos sin culpa. Niegan sus propios deseos en detrimento de los deseos de terceros.
- ✧ La falsa generosidad. Dan para recibir algo a cambio. Si no reciben lo que buscan, pueden responder con enfado y frustración.
- ✧ Conectar con la humildad, no creerse salvadores y dejar que sus seres queridos sean independientes económicamente.

¿Qué sentimiento los conecta con la escasez? La manipulación. Los Dos pueden gastar dinero y manipular desde la necesidad de conectar con los demás. Consciente o inconscientemente, lo hacen desde una posición de miedo y escasez.

¿Qué los conecta con la abundancia? Priorizarse. Cuando se relajan emocionalmente y ponen el foco en sí mismos es cuando comienzan a darse cuenta de que el amor no es hacer, dar o comprar, sino ser y estar. Si se priorizan, se dan cuenta de que no necesitan la validación de los demás para sentirse queridos o valorados.

Estrategia con el dinero: Dar. En su aspecto más sano, los Dos descubren que el hecho de dar no es medio para conseguir un fin, sino que es un fin en sí mismo. Lo que les conecta con la abundancia verdadera.

Deseo económico: Tener dinero para ser independientes y desde esta posición ayudar económicamente a sus seres queridos.

Miedo monetario: Desconectarse. El hecho de no poseer dinero puede hacerles creer que ya no son capaces de conectar con las personas a las que aprecian.

Pensamiento dominante: «La vida me trata bien, el dinero me viene». Consideran que debería irles bien en la vida, ya que su energía dominante es la de dar amor y ayudar. Pueden utilizar dos armas potentes para conseguir dinero: la seducción y la manipulación.

El dinero les permite: Conectar con los demás y ayudar a sus seres queridos.

¿Cómo pueden desconectarse de la energía del dinero? Deseos ilimitados de involucrarse para solucionar diferentes problemas.

¿Qué tienen que aprender? Prudencia. Es imprescindible que controlen sus gastos si no quieren acabar con problemas económicos.

Los eneatipo Dos como compradores: Disfrutan gastando y quieren pasárselo bien. Suelen hacer compras caóticas, algunas impulsivas e incluso atolondradas. Si pueden comprar un producto o servicio que aporte algo directa o indirectamente a una causa lo harán. Disfrutan contribuyendo en la manera en que sea posible.

A la hora de comprar, dan un peso importante a las relaciones que se produzcan con la persona que les está vendiendo, por lo que es aconsejable que se toquen factores sentimentales.

Para venderles a los eneatipo Dos es necesario seducirlos y conectar emocionalmente con ellos. Tienen que ver que antes que un vendedor hay una persona que les habla de tú a tú, al alma del otro.

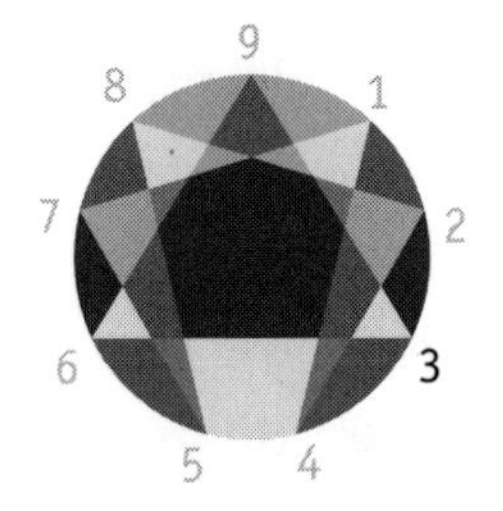

EL ENEATIPO TRES Y EL DINERO

> Quiero jubilarme a los cuarenta años. Quiero libertad financiera y conseguir a esa edad lo que algunas personas hacen a los setenta años. El dinero es sinónimo de éxito y no tengo problemas en decir que me gusta, que quiero tener mucho y que es algo que me va a dar tranquilidad para el resto de mi vida.

Alexandra tiene 35 años, vive en Andorra y es consultora de negocios. Hace seis años diseñó un plan para poder retirarse a los cuarenta y lo sigue a rajatabla. Le quedan cinco años para cumplir sus objetivos.

Un aspecto característico de los Tres, y en este caso de Alexandra, es que toman muchas decisiones importantes en función del dinero. Es un gran motivador en su vida. Un ejemplo es el hecho de que Alexandra se fuera de su Barcelona natal con el objetivo de pagar menos impuestos.

> Venirme a Andorra forma parte del plan. Estoy orgullosa de mi sacrificio y compromiso para conseguir mis metas financieras, por más que eche de menos a mi familia y estar en la ciudad en

> la que realmente me gustaría estar. Pero todo este esfuerzo tendrá una recompensa que me permitirá vivir la vida que quiero.

A los eneatipo Tres les gusta el dinero y pueden quererlo (o tenerlo) en grandes cantidades. Y para ello se fijan objetivos ambiciosos, que generalmente terminan cumpliendo. El dinero no suelen dejarlo estancado, sino que prefieren moverlo, invertirlo y multiplicarlo. Cuando lo tienen, optan por gastarlo en símbolos o productos que les reporten prestigio y estatus.

> El dinero habla y en cierto modo a mí me valida como persona. Y esto no quiere decir que sea lo más importante en mi vida ni que sea una ambiciosa inconsciente, pero no cabe duda de que es uno de los motores de mis decisiones.

Gastar dinero en objetos materiales que les permitan mostrar lo que ellos consideran que es el éxito forma parte de su día a día, hecho que, en ocasiones, les hace plantearse la idea de si realmente valen por lo que son o por el dinero y posesiones que tienen. En momentos de reflexiones existenciales es cuando pueden experimentar un gran vacío al ver que ciertas conductas económicas solo están alimentando el personaje que se han creado.

Los Tres se refugian a veces en las compras materiales pensando que tras ellas está la felicidad. Sin embargo, en el proceso de madurez personal van descubriendo qué les aporta paz y tranquilidad a su vida en lugar de estar persiguiendo la zanahoria como si de un burro se tratara.

Cuando evolucionan y llegan a un equilibrio con el dinero,

empiezan a tener menos necesidades, a valorar más el presente y a viajar hasta mostrarse al resto de personas de forma auténtica, sin tantas máscaras.

El dinero no se convierte en su máxima obsesión ni en su principal objetivo, sino que se dan cuenta de que les llega como resultado y consecuencia de ser honestos y auténticos y de vivir según sus valores bien definidos.

Habilidades:

✧ Gran capacidad para facturar, multiplicar su propio dinero y conseguir ventas y clientes. La ambición les hace conectar con la abundante energía del dinero.

✧ Gran olfato para los negocios. Suelen pensar en términos de facturación, son ágiles haciendo cálculos y maquinan con ideas monetizables de forma constante.

✧ Son expertos en el arte de relacionarse con las personas. Pueden tirar de «contactos» y conseguir lo que se propongan gracias a los buenos vínculos que generan.

Aspectos que mejorar:

✧ La compra desmedida. Son capaces de obsesionarse con algún producto y a los pocos días darse cuenta de que no les hace tan felices como imaginaban. Conectan con la insatisfacción y la frustración.

- ✧ El éxito es el camino, no la meta. Los Tres desean que sus objetivos ya estén cumplidos, se olvidan de disfrutar del camino y no valoran su propio recorrido.

- ✧ El egoísmo desmesurado en el que pueden caer, olvidándose de los intereses de las personas que les rodean y enfocándose únicamente en ellos y sus necesidades.

¿Qué sentimiento los conecta con la escasez? El esfuerzo constante. Es una paradoja, pero el esfuerzo no les genera la validación que buscan. Con la obsesión de conseguir más dinero son capaces de pisotear, engañar y manipular a las personas pensando que «el fin justifica los medios».

¿Qué los conecta con la abundancia? La autenticidad. Es el gran reto del Tres: bajar al corazón y mostrarse auténticos. Gracias a esto generarán una confianza real consigo mismos y con los demás. El dinero les llega por lo que son, no por lo que tienen.

Estrategia con el dinero: Lograr. Lo que se proponen lo suelen conseguir: metas, resultados, objetivos, dinero. La diferencia entre sufrir y luchar o hacerlo de forma armónica y fluida radica en cómo viva el camino para conseguir una mejor situación financiera.

Deseos económicos: Sustentar a su familia, ser apreciados por sus éxitos e invertir en sí mismos.

Miedos monetarios: No poder tener el dinero suficiente que les dé prestigio, una trampa mental en la que suelen caer con frecuencia.

Pensamiento dominante: «Gracias al dinero puedo verme como una persona exitosa»

El dinero les permite: Destacar y alcanzar ese éxito personal y profesional que tanto anhelan.

¿Cómo pueden desconectarse de la energía del dinero? Con la ansiedad. No es fácil relajarse para los eneatipo Tres. La ansiedad aparece cuando empiezan a preocuparse por el dinero y por pensar que no están recibiendo el sueldo o la facturación que merecen. En este punto, se vuelven adictos al trabajo, dejando de lado a su familia, su salud y sus buenos hábitos.

¿Qué tienen que aprender? A trabajar con valores, humildad y propósito. Confiando en sí mismos y trabajando con un sentido más amplio que solo persiguiendo el dinero conectarán con el verdadero éxito. Curiosamente, cuando dejen de buscar el aplauso constante es cuando lo obtendrán como consecuencia de conectar con sus valores esenciales y trabajar desde la humildad.

Los eneatipo Tres como compradores: Buscarán una compra eficiente y bien hecha. Prestan especial atención a la adquisición de productos que les otorguen estatus: relojes, bolsos, tecnología punta, teléfonos caros, coches, etcétera. En sus compras no solo buscan el producto en sí, sino que, sobre todo, prima el prestigio que tendrán una vez que adquieran ese producto.

Analizarán la compra con gran agilidad mental. Internamente estarán haciendo cuentas de lo que gastan, lo que ganan y lo que perciben desembolsando ese dinero. Suelen tenerlo todo calculado de forma estratégica. Dar una puntada sin hilo no entra dentro de sus posibilidades.

Para venderles hay que proyectarlos emocionalmente a la imagen que obtendrán con la compra, recalcando el estatus de lo que están adquiriendo. Son compras aspiracionales.

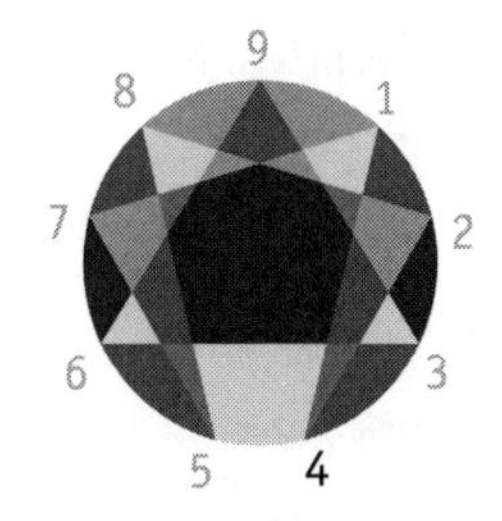

EL ENEATIPO CUATRO Y EL DINERO

> El dinero está prostituido, es algo mundano que nos hemos inventado los seres humanos. Poco tiene que ver con mi forma de ser y ver la vida.

Nicolás tiene 40 años, reside en Costa Rica y su sueño es vivir de la ebanistería. Actualmente trabaja a media jornada en la sección de atención al cliente de una empresa de alimentos y dedica la otra mitad del día a la fabricación y reparación de muebles. Dice que no trabaja por dinero, se siente «por encima» de temas tan «terrenales y vacíos».

Los eneatipo Cuatro como Nicolás ven el dinero como un medio para comprar aquello que les dará alegría y les llenará el alma. Tienden a gastar el dinero en cosas que sean bonitas, agradables de ver y, sobre todo, diferentes «a lo típico». Valoran que los objetos que tengan o experiencias que vivan sean especiales, románticas.

> Tengo un trabajo de media jornada que me sirve para mantenerme, pero lo que realmente me apasiona es crear muebles de

> madera. Me considero un artista, una persona creativa. Mientras tenga el dinero que me permita cubrir mis gastos vitales, me quedo contento y me concentro en mi pasión.

Los Cuatro acarrean una gran carga de creencias relacionadas con el dinero. Las comentan de forma abierta y se aferran a ellas para justificar las decisiones monetarias que toman en su vida. Incluso acreditan su carencia por la idea que se han generado en su interior sobre lo que es el dinero.

> Siento que podríamos vivir en un mundo sin dinero. ¿Qué valor posee más allá del de intercambio? Si te soy sincero, el dinero es algo bastante banal por sí mismo. En fin, que a mí me gusta que las cosas que tengamos o compremos tengan un sentido especial.

Pueden conectar de manera natural y automática con la escasez, ya que tienden a compararse y pensar que nunca llegarán a ser personas abundantes. Se sienten menos que los demás y conectan con la envidia. Generalmente no suele ser envidia material, sino que está más relacionada con una «envidia emocional», por lo que es otra persona o cómo se comporta más que por lo que tiene.

En ocasiones sienten miedo a quedarse sin dinero y llevan sus pensamientos al extremo, a la catástrofe monetaria. Incluso son propensos a la bancarrota.

Es frecuente que los Cuatro tengan mucha creatividad y talentos especiales, pero, como uno de los aspectos que mejorar, deben rebajar sus constantes deseos de ser únicos y especiales para vivir de forma más mundana y hacer las paces con el dinero.

Cuando su autoestima flaquea, no terminan de creerse que pueden vivir de su pasión. Suelen especializarse en un área en concreto dejando de lado la parte más empresarial, lo que los lleva a vivir en la precariedad laboral.

Habilidades:

- ✧ Son fieles a sus valores y creencias para poder destinar el dinero y la energía a lo que consideran correcto.

- ✧ Gastan dinero en objetos agradables, diferentes y que decoran con armonía un espacio. Se conectan energéticamente con ellos, les hacen bien.

- ✧ Capacidad de fluir con la energía del dinero. En ocasiones les llega de manera rocambolesca en el momento en que más lo necesitan.

Aspectos que mejorar:

- ✧ Muestran cierta tendencia a la carencia. Suelen contar con lo justo para vivir e incluso pueden caer en la bancarrota por gastar más de lo que tienen.

- ✧ Limpiarse de tantas creencias negativas es uno de los pasos primordiales para salir de la escasez y valorar más el dinero.

✧ Poner orden y llevar un control en sus finanzas. No es atractivo para ellos, no muestran interés, y esto les repercute en forma de problemas económicos.

¿Qué sentimiento los conecta con la escasez? La envidia. Conectan con la envidia y piensan que si al otro le va bien a nivel económico a saber qué habrá hecho. Juzgan, critican y se comparan.

¿Qué los conecta con la abundancia? Agradecer lo que tienen. Dejar de mirar a los demás con ojos de carencia y concentrarse en agradecer y valorar todo lo que ya tienen. Es muy fácil para los Cuatro olvidarse de lo que ya poseen y de los privilegios con los que viven.

Estrategia con el dinero: Personalizar. Estampan un significado personal a cada objeto que compran con su dinero para demostrarse a sí mismos y al mundo que viven con estilo propio.

Deseos económicos: Poseer para poder aportar con tranquilidad sus particulares dones y talentos al mundo.

Miedos monetarios: Ser iguales al resto de personas. En el momento en que se dan cuenta de que tienen un comportamiento o creencia monetaria idéntico a la mayoría de la población pueden llegar a sentir vergüenza de sí mismos.

Pensamiento dominante: «Lo peor está por llegar». Pensamientos catastróficos dominan su mente en relación con el dinero. Es frecuente que distorsionen la realidad únicamente pensando en todo lo negativo que puede ocurrirles y en que lo peor está por llegar.

El dinero les permite: Mantenerse, vivir el día a día y poder dedicar el tiempo a sus hobbies. En ocasiones pueden rentabilizar estos últimos, pero en la gran mayoría de los casos no lo hacen.

¿Cómo pueden desconectarse de la energía del dinero? Desaprovechando oportunidades. Debido a sus fuertes creencias, pueden dejar pasar oportunidades de negocio o laborales por temor a llevar una vida ordinaria, común o vulgar.

¿Qué tienen que aprender? A encontrarle un sentido al dinero. A no estar en lucha con el dinero, a limpiar sus creencias para mejorar la relación con él. De esta manera, y poniendo los pies en la tierra, finalmente podrán vivir de forma auténtica y abundante siendo fieles a su esencia e identidad.

Los eneatipo Cuatro como compradores: Buscarán cosas de calidad, dando un peso primordial a la estética. Quieren que lo que compren sea especial, diferente y vaya más allá del estatus. Lo que buscan es un producto que sea único (ediciones limitadas, colecciones numeradas, productos hechos a mano, etcétera). Incluso pueden llegar a adquirir cosas que tengan valor sentimental pero carezcan de toda utilidad.

Les gusta sentir que están destinando su dinero a productos o servicios que, en parte, son una representación de su propia identidad. Necesitan conectar con la marca o el objeto. Sobre todo, a la hora de comprar no les gustará dar una imagen de persona ordinaria ni que sigue tendencias generalistas.

Para venderles a los Cuatro es necesario hablarles de la esencia y el alma del producto o servicio que están a punto de comprar. Es necesario recalcarles (si fuera cierto) que aquello que van a adquirir es algo que no está de moda en estos momentos, que pueden ser de los pocos en tenerlo. ¡Compra asegurada!

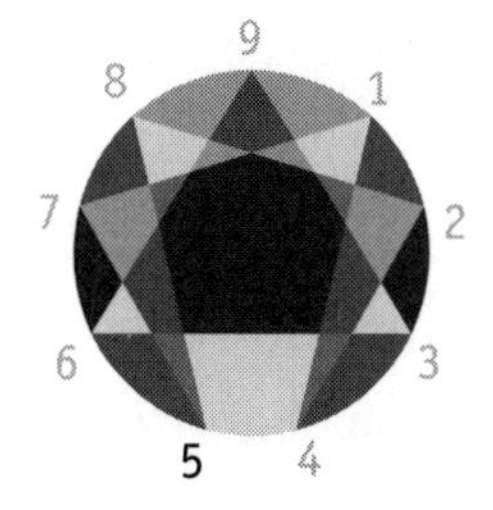

EL ENEATIPO CINCO Y EL DINERO

> Con tener el dinero suficiente para vivir de forma discreta me quedo contento. No necesito mucho más. Cuando veo a personas que buscan constantemente dinero y más dinero siempre me pregunto para qué querrán tanto si no hace falta.

Martín tiene 35 años y trabaja como auxiliar de vuelo en una compañía aérea española. Está soltero, no le interesa tener familia y tampoco planea cambios muy grandes en su vida. Valora la estabilidad económica, la tranquilidad de movimientos y el hecho de dar pasos monetarios sobre tierra firme.

Los eneatipo Cinco como Martín buscan autonomía y libertad. El dinero les permite estar tranquilos, tener su refugio y darse caprichos. Son reacios a contraer deudas, por lo que no compran aquello que no se pueden permitir. No quieren deber dinero ni tampoco que les deban. Si tienen alguna deuda se sentirán atados y esclavizados por otra persona, institución o empresa.

> Valoro el dinero por la libertad y la independencia que me genera. Me da tranquilidad, me siento seguro y cuido mis pose-

> siones. No me gusta depender de nadie ni que nadie dependa de mí.

Les gusta cuidar sus propios recursos, productos y espacios. Valoran lo que tienen porque acostumbran a conseguirlo con una dosis de esfuerzo. Suelen ser ahorradores, poco derrochadores y viven según sus posibilidades.

> Yo soy como una hormiga trabajadora. Estoy cada día con el pico y la pala. Cada mes, antes de pagar cualquier gasto, me pago a mí mismo con una buena parte de mi salario. Hago esto desde hace quince años, y ese dinero se va a una cuenta de ahorro que no toco. Nadie sabe cuánto dinero tengo. Ahorrar de esta forma me tranquiliza. Saber que no voy a quedarme en la ruina si pasara algo malo en el trabajo es importante.

Los Cinco son los más austeros de todo el eneagrama, necesitan pocas cosas para ser felices. Se comportan de manera simple y no suelen enredarse en negocios, emprendimientos o inversiones que no dominan. «Tengo la capacidad de necesitar pocos productos y servicios en mi día a día. Esto hace que tenga apagada esa ambición por facturar más».

Pese a no tener grandes necesidades, cuando desean algo no sienten ningún reparo en hacer un desembolso alto. En cambio, sí que pueden conectar con la falta de generosidad a la hora de entregar no solo su dinero, sino también su tiempo y su energía a otras personas.

Es frecuente ver a eneatipos Cinco que tienen una edad avanzada y siguen ocupando puestos de trabajo de bajo rango.

Esto repercute en sus finanzas y hace que la acumulación de riqueza sea una asignatura pendiente en sus vidas.

Habilidades:

- ✧ Grandes ahorradores, poco gastadores. Suelen contar con un colchón financiero que les genera tranquilidad.
- ✧ Prudentes y coherentes a la hora de comprar. Tienen poca impulsividad gastando dinero. Miden bien si realmente necesitan lo que van a adquirir.
- ✧ Gran control de sus finanzas y movimientos. Implementan orden y reciben pocas sorpresas.

Aspectos que mejorar:

- ✧ Rehúyen los grandes sacrificios para conseguir más dinero. En ocasiones consideran que tienen que exponerse demasiado para lograrlo y prefieren no hacerlo.
- ✧ Atreverse a pasar a la acción. Sin asumir ciertos riesgos, las probabilidades de llevar una vida más plana aumentan de forma considerable.
- ✧ Les cuesta monetizar sus conocimientos y sus habilidades. Se les pasa la vida y no son capaces de sacar un rendimiento económico a tanta sabiduría interna.

¿Qué sentimiento los conecta con la escasez? «Es imposible conseguir lo que realmente quiero». Es frecuente que piensen que no tienen las capacidades necesarias para aumentar sus ingresos o que sus objetivos son inalcanzables. Pueden desmotivarse, perder la confianza en sí mismos y, tras mucho darle vueltas, quedarse en la misma situación de siempre: la inacción.

¿Qué los conecta con la abundancia? Dar. El hecho de dar dinero les ayuda a socializar más, interesarse por los demás y entrar en el mundo de los otros. No es fácil para ellos, ni les sale de forma natural el hecho de compartir(se), pero es un gran paso para mejorar la relación con el dinero.

Estrategia con el dinero: Minimizar. Los Cinco piensan que si minimizan sus necesidades tienen menos ataduras económicas y mayor libertad.

Deseos económicos: Independencia, no estar atados a nadie, controlar el dinero.

Miedos monetarios: A aumentar gastos innecesarios, ahogarse en deudas y quedarse sin recursos.

Pensamiento dominante: «Tengo miedo de perder lo que ya tengo». Se preocupan más por no perder lo que ya tienen que por buscar más dinero o más posesiones.

El dinero les permite: Decidir qué hacer con su tiempo para vivir sin ataduras y recargarse de energía vital.

¿Cómo pueden desconectarse de la energía del dinero? Con la falta de curiosidad. Sin una curiosidad activa, no comprenden cómo se fabrica el dinero y otras reglas económicas básicas que les harían tomar decisiones financieras diferentes para mejorar su calidad de vida.

¿Qué tienen que aprender? A pasar a la acción. Atreverse a buscar nuevas fuentes de ingresos e invertir el dinero que tienen parado los lleva a evolucionar y a abrirse a nuevas posibilidades. Cuando hacen cosas, suceden cosas.

Los eneatipo Cinco como compradores: Les gusta una experiencia de compra sencilla, directa y en la que se intercambien la menor cantidad de palabras posibles. Su mente ágil, analítica y de tinte técnico estará siempre activa en toda compra y venta, centrándose mucho en la calidad del producto.

No les gusta que los atosiguen ni que invadan su espacio. De ser así, se sentirán incómodos y rechazarán comprar.

No suelen adaptarse a modas ni opiniones populares, por más presión social que haya, si no encaja con ellos. De hecho, ante el primer impacto de esta índole tenderán a alejarse. En el momento de comprar, analizarán bien las consecuencias del gasto en cuestión y medirán e investigarán todo lo relacionado con su adquisición. Si concluyen que el producto o servicio que se les está ofreciendo no ha de serles verdaderamente útil, lo desecharán sin dudarlo.

Para venderles a los eneatipo Cinco, es primordial tener bien estudiados los detalles de los productos o servicios que se les ofrecen. Ellos harán preguntas y querrán conocer en qué están a punto de gastarse un dinero que cuidan y valoran. Realizarán muchas preguntas, poniendo a prueba la paciencia del vendedor. Incluso querrán validar personalmente lo que sin decir nada ya habrán investigado por su cuenta.

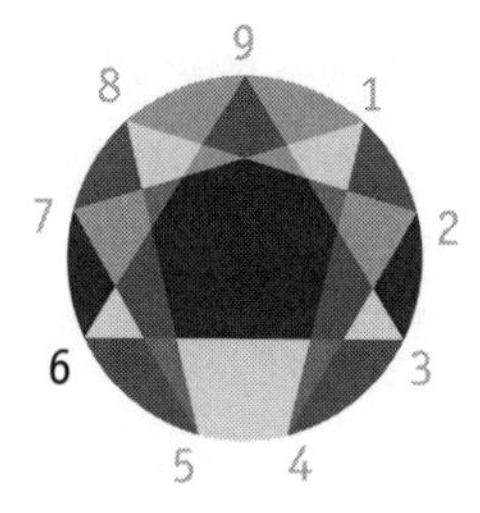

EL ENEATIPO SEIS Y EL DINERO

> El dinero me aporta la seguridad y la tranquilidad de tener mis necesidades básicas cubiertas. En los momentos en los que no he tenido, me he sentido mal, muy ansiosa. Estoy tranquila cuando tengo un respaldo económico que garantiza mi supervivencia.

Sara tiene 38 años, es madre soltera y trabaja como enfermera de quirófano. El dinero le genera tranquilidad y la mantiene en una zona de comodidad en la que se siente a gusto. Terminó la carrera a los veintitrés años y no se ha movido de su puesto de trabajo en el hospital. «La estabilidad que me da un contrato fijo, tal y como están las cosas hoy en día, la agradezco».

Los eneatipo Seis son ahorradores por naturaleza y suelen contar con un colchón con el que sentirse protegidos en caso de que surja algún imprevisto. No son propensos a realizar movimientos arriesgados de dinero, sino que lo hacen todo con prudencia y analizando opciones y posibles escenarios. No quieren sorpresas, sustos ni supuestos que no se hayan planteado.

Paradójicamente los Seis pueden llegar a experimentar comportamientos extremos y opuestos en cuestión de horas.

> A veces no me entiendo a mí misma. Por la mañana puedo estar en un supermercado comparando los precios de los productos durante horas para ahorrarme unos céntimos y esa misma tarde estar gastándome trescientos euros en un tratamiento para la piel. Tengo contradicciones con el dinero.

A la hora de invertir su dinero, serán cautelosos y desconfiados. No son amigos del riesgo ni de la incertidumbre. En caso de elegir un vehículo de inversión, se decantarán por escoger menor riesgo y menor rentabilidad antes que una alta volatilidad y unas ganancias potenciales más elevadas. Tampoco pondrán el dinero que tanto esfuerzo les ha costado conseguir en lugares donde no haya transparencia absoluta.

Los eneatipo Seis no suelen interesarse por temas económicos ni tienen una gran voluntad de aprender sobre educación financiera, por lo que tienden a recurrir a personas de su confianza (pareja, padres, hermanos o asesores) para que los ayuden. Cuando encuentran a la persona idónea, confían ciegamente en ella y le delegan todo.

Habilidades:

- ✧ Buena gestión de su dinero. Lo valoran, suelen ahorrar y son cautelosos con él. Si tienen que apretarse el cinturón, lo harán con facilidad.

- ✧ Son supergenerosos con sus familiares y amigos. Les prestarán cualquier tipo de ayuda económica siempre que esté en sus manos. Desapegados y entregados.

- ✧ Realizan un gran trabajo de investigación antes de adquirir un producto o servicio. Indagan, aprenden y hacen comparaciones para no equivocarse.

Aspectos que mejorar:

- ✧ Elevado grado de inocencia. Confían tanto en la autoridad y en los demás que se creen las versiones oficiales de instituciones y bancos sin cuestionarlos.

- ✧ Exceso de rigidez. Obsesionarse con tener seguridad puede llevarlos a querer controlar todas las áreas de su vida. Aquí aparecen el sufrimiento y la ansiedad.

- ✧ Desconfianza extrema. De entrada, suelen desconfiar de las personas, negocios u oportunidades de inversión. Abrirse les ofrece nuevas oportunidades.

¿Qué sentimiento los conecta con la escasez? El miedo a un futuro negro. Se proyectan hacia el futuro y tienden a hacer hincapié en todos los aspectos negativos potenciales, llegando a imaginar alternativas catastróficas para su dinero y su vida.

¿Qué los conecta con la abundancia? Mirar hacia dentro. En el momento en el que trabajan sus emociones de manera profunda, comienzan a fortalecer el músculo de la confianza. Cuando la autoestima está más alta y ponen sus propios dones y talentos al servicio de los demás, el dinero les llega de forma más fluida.

Estrategia con el dinero: Gestión. Son buenos con la gestión del dinero tanto personal como familiar si deciden ponerse a ello. Controlan gastos, hacen previsiones y pueden ceñirse a un presupuesto de manera lógica y equilibrada, sin irse a los extremos.

Deseos económicos: Sentirse con tranquilidad económica y, desde esa posición, vivir más en el presente y sin tantas angustias por todo lo malo que podría suceder.

Miedos monetarios: A carecer de un colchón de imprevistos, invertir y perderlo por no analizar bien los riesgos y que sus pensamientos catastrofistas se hagan realidad.

Pensamiento dominante: «El mundo es un lugar peligroso, puedo caerme si no tengo apoyo». Les preocupa no tener ahorros y perder la certeza de que en caso de que surja un imprevisto o una emergencia no puedan hacerse cargo.

El dinero les permite: Experimentar la seguridad necesaria para vivir relajados, fluyendo y sin tanto estrés.

¿Cómo pueden desconectarse de la energía del dinero? Por una incapacidad de afrontar la incertidumbre, llegando a experimentar altos picos de ansiedad.

¿Qué tienen que aprender? A soltar, confiar y despreocuparse. Aprender a invertir y a mover el dinero, a soltar el control y a fluir con lo que el mercado y la vida quieran. Todo lo que sea funcionar y operar desde la apertura y flexibilización les hará mucho bien.

Los eneatipo Seis como compradores: Buscan en quién confiar y en quién no, no solo con la persona, sino también con la empresa y el producto o servicio que ofrezcan. Investigarán y compararán todos los detalles. Buscarán comentarios de personas y recomendaciones por internet, y lo comprobarán varias veces para asegurarse de estar haciendo una buena elección a la hora de consumir o no.

Tienen la mosca detrás de la oreja porque piensan que algo puede salir mal. Y si así sucede, no dudarán en quejarse si el producto no cumplió con sus expectativas. Es habitual que tengan sus marcas de confianza o establecimientos donde suelen ser clientes frecuentes. Son fieles a ellos y no ven motivo por el que buscar nuevas alternativas cuando ya tienen la confianza depositada en ellos.

Para venderle a un eneatipo Seis es imprescindible mostrarle las garantías del producto, que sepa que cuenta con un buen servicio posventa y que puede tener a alguien de la marca a su disposición para ayudarlo y asesorarlo en lo que haga falta. Hay que transmitirle seguridad absoluta a la hora de efectuar la compra y que se sienta en confianza.

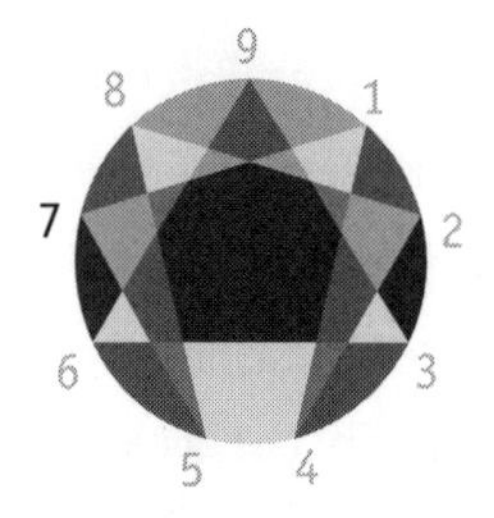

EL ENEATIPO SIETE Y EL DINERO

> El dinero es un factor muy importante en mi vida. Me permite hacer las cosas que más me gustan y me da la libertad de movimiento que necesito. En épocas en las que no tengo dinero, me siento atrapada y restringida. Lo paso realmente mal. Odio que el dinero me corte las alas para poder hacer lo que quiero.

Agustina es fotógrafa y organizadora de eventos. Trabaja para una pequeña empresa de Barcelona en la que tiene un buen horario y cobra un salario que le permite llevar la vida que desea.

Los Siete como Agustina valoran el dinero y consideran que disponer de él les permite una vida más satisfactoria. «El dinero me da libertad, opciones y posibilidades. Para mí es como la gasolina que me permite vivir experiencias divertidas, pasármelo bien y disfrutar».

Pero paradójicamente suelen ser desapegados con él. Les gusta gastarlo, invertirlo y moverlo. Es fácil que se embarquen en nuevas aventuras empresariales y económicas. Buscan emociones nuevas, fuertes y adrenalina que los mantenga vivos en proyectos que les entusiasmen.

La energía que irradia Agustina es contagiosa. Nunca quiere perderse ningún evento, viaje, comida y oportunidades que vayan surgiendo.

> Digo que sí a todo lo que hacen mis amigos y familiares. Eso sí, llego siempre a final de mes a cero, al borde de la quiebra económica. No sé en qué lo gasto ni cómo lo hago. Incluso he llegado a tener que endeudarme para poder vivir el día a día.

Por su comportamiento impulsivo, y al saber que se han excedido en sus gastos, son capaces de estar semanas sin entrar a ver los movimientos de su cuenta bancaria. En su actitud más infantil, deciden autoengañarse y no conocer la verdadera situación económica en la que viven.

Pablo, pareja de Agustina, suele tener discusiones con ella por cómo se relaciona con el dinero.

> Prefiere no mirar en qué gasta ni cómo. Mientras la tarjeta le funcione, siente que todo está bien y que dispone del dinero suficiente para disfrutar. El día que se la deniegan o sucede un imprevisto es cuando se preocupa y le entra ansiedad.

Los Siete posponen el hecho de tomar decisiones incómodas relacionadas con el dinero. No están dispuestos a realizar un trabajo que, a priori, consideran tedioso como es ordenar sus propias finanzas. «No quiero limitarme a dejar de hacer cosas por no gastar. Tampoco quiero vivir con presupuestos limitados. Si tengo, lo uso», dice Agustina.

Derrochar y comprar sin meditar sobre el gasto ni las posibles consecuencias de sus propios actos a medio o largo plazo es un comportamiento habitual en este eneatipo.

Además, son proclives a irse a los extremos, por lo que pueden tener enormes picos con el dinero: ganar mucho o perderlo todo.

Habilidades:

- ✧ Son capaces de construir un colchón de tranquilidad, valorando el ahorro y teniendo estabilidad económica.
- ✧ Son excelentes detectando oportunidades y generando dinero. Logran buenas conexiones personales y profesionales.
- ✧ Tienen las ideas claras, son trabajadores incansables y ponen empeño en conseguir dinero con facilidad.

Aspectos que mejorar:

- ✧ Nunca tienen suficiente, siempre quieren más. Tienen un alma hambrienta de dinero y su búsqueda puede obsesionarlos.
- ✧ Son propensos a las adicciones, por lo que pueden derrochar su dinero en un abrir y cerrar de ojos.
- ✧ En su afán por el dinero, pueden llegar a cometer diferentes ilegalidades para conseguir lo que consideran que necesitan.

¿Qué sentimiento los conecta con la escasez? El vecino tiene el jardín más verde. La insatisfacción crónica que padecen les hace mirar constantemente a los demás, compararse y nunca estar satisfechos. Suelen mostrar una ambición desmesurada por conseguir más dinero, compararse y ver que los demás tienen más que ellos.

¿Qué los conecta con la abundancia? Descartar opciones, focalizarse y comprometerse. El dinero les llega cuando son capaces de centrarse, simplificar su vida haciendo menos y profundizar en un área en concreto. No pasar de puntillas y ser persistente resulta clave para poder conectarse con la energía del dinero.

Estrategia con el dinero: La oportunidad. Los Siete son especialistas detectando oportunidades de negocio. Pueden ver dinero donde otros no lo ven. Tienen olfato para estar en el lugar adecuado y en el momento indicado.

Deseos económicos: Sentirse libres, satisfechos y sin ataduras para disfrutar de la vida a su manera.

Miedo monetario: A carecer, situación que los llevaría a sentirse atrapados, restringidos, sin la capacidad de escoger.

Pensamiento dominante: «La vida y el dinero están para disfrutarlos».

El dinero les permite: Elegir qué hacer en cada momento y no tener la sensación de que se están limitando o perdiendo algo.

¿Cómo pueden desconectarse de la energía del dinero? Con insaciabilidad. Pueden llegar a perderlo todo por sentir que nunca tienen suficiente. Para vivir equilibrados, deben darse cuenta de cuándo están a punto de tomar una decisión que puede acarrear consecuencias malas o catastróficas en su vida.

¿Qué tienen que aprender? A ordenar y pensar en el largo plazo. Madurar económicamente para los Siete significa empezar a ordenar sus finanzas para controlar de dónde viene y hacia dónde va el dinero. Ser más previsores, huir de los caprichos y no caer en la trampa de sus impulsos les reportará un beneficio en el largo plazo.

Los eneatipo Siete como compradores: No vacilan a la hora de gastar dinero, son prácticos y suelen ir al grano, sin rodeos. Les gustan las compras agradables, distendidas y, de ser posible, divertidas. Valorarán positivamente que haya cierta complicidad con el vendedor, que todo resulte fácil, fluido y feliz.

No se sienten cómodos con las decisiones de compra que exijan hacer averiguaciones exhaustivas y comparaciones. Se mostrarán huidizos, les dará pereza. Si su compra requiere una gran implicación e investigación, pedirán ayuda y delegarán el trabajo tedioso en otra persona para luego pedirle consejo a ella sobre lo que ha analizado.

Para venderle a un eneatipo Siete es recomendable no atosigarlo, buscar la conexión personal y mostrarle todos los beneficios que tendrá su vida al contratar el producto o servicio. La venta debe ir al grano, sin venderle humo ni caer en exageraciones. Si se realiza de forma rápida, lo agradecerá.

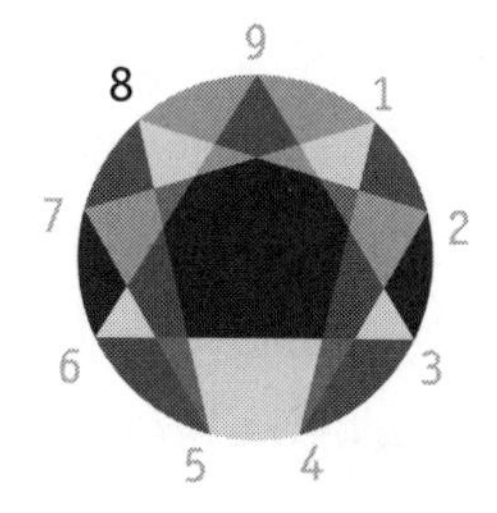

EL ENEATIPO OCHO Y EL DINERO

> En mi vida quiero lo que me hace bien, lo que me gusta y lo que me da control sobre mi tiempo. Y el dinero es una de ellas. He trabajado durante mucho tiempo para poder vivir sin ataduras. En la actualidad, lo puedo hacer gracias a que siempre reaccioné y tuve las cosas claras.

Pablo está casado, tiene dos hijas y es dueño de una cadena de restaurantes. Posee una energía dominante y se preocupa por mantener el control absoluto de sus finanzas. El dinero le da poder y con el poder se siente cómodo.

> Me gusta decidir. No llevo bien que me digan lo que tengo que hacer ni me gusta estar controlado por nadie. Ningún jefe, banco, persona… nadie.

Los eneatipo Ocho honran su esencia llevando dinero a casa y sustentando a su familia. Cuidan de ella aportando energía, seguridad y dinero. Cuando lo hacen se sienten bien, poderosos y con una gran confianza en sí mismos.

Con frecuencia pueden jugar en exceso con el riesgo y la suerte, haciendo un «todo o nada» a una inversión. Son capaces de lo mejor y de lo peor en cuanto al dinero y viven en la delgada línea entre la audacia y la temeridad. «Pienso que tengo una gran capacidad para probar, invertir y generar dinero. No tengo miedo a la hora de arriesgarme en algún proyecto o negocio nuevo».

Con los Ocho, las cuentas claras y la letra pequeña bien explicada:

> Me gusta saber dónde meto mi capital, qué se va a hacer con él y cómo son todas las cláusulas. Odio que me tomen el pelo y quiero honestidad, lealtad y transparencia total a la hora de hacer negocios.

Debido a su gran poder de actuar y de hacer que las cosas sucedan, suelen terminar generando dinero de una manera u otra. Y es habitual que, cuando lo consiguen, lo enseñen de forma exagerada y extravagante. Les gusta comprar y consumir.

No solo gastan en sus propios hobbies, sino que pueden llegar a ser muy generosos con los demás, desembolsando grandes cantidades de dinero. Es habitual que abastezcan a sus invitados con excesivos productos, comidas y bebidas con objeto de demostrar que son solventes.

Uno de sus mayores aprendizajes consiste en saber en qué momento poner el freno de mano para apostar por lo pequeño. Ante la duda, la contención puede ser una gran aliada que les proporcione resultados favorables. No dejarse llevar por sus impulsos y por esa parte visceral será el origen de una buena relación con el dinero.

La verdadera riqueza les llega después de años de esfuerzo y con el sentimiento de lucha a sus espaldas. Es habitual que, a toro pasado, confirmen que siempre tuvieron esa seguridad interna de que las cosas les saldrían como pensaban.

Habilidades:

- ✧ Piensan a lo grande. Tienen una mentalidad de abundancia que les motiva a asumir nuevos retos, hacer inversiones fuertes y pasar a la acción con determinación.
- ✧ Seguridad en sí mismos. No tienen problemas en admitir sus deseos económicos y los planes que tienen para conseguirlos. Su seguridad los hace atractivos.
- ✧ Capacidad para aprender. En las áreas que no terminan de entender tienen una actitud admirable que les permite obtener los conocimientos necesarios para convertirse en una persona autónoma y autosuficiente.

Aspectos que mejorar:

- ✧ Saber frenar. Los Ocho deben comprender que generar riqueza requiere tiempo, saber observar, frenar y actuar con estrategia. No se trata de hacer por hacer.
- ✧ Solicitar ayuda. Les cuesta pedir asesoramiento financiero o una visión externa de sus movimientos con el dinero. Prefieren tirar por su cuenta aunque el riesgo de error aumente.

- ✧ Moderar sus excesos. Pueden estar en la ruina o montados en el dólar. El exceso desenfrenado puede acarrearles graves consecuencias.

¿Qué sentimiento los conecta con la escasez? No divertirse mientras generan dinero. Los Ocho viven como si estuvieran peleados con el mundo, en constante lucha. Si se olvidan de disfrutar, reírse y divertirse mientras trabajan, se desconectan de sí mismos y sacan a la luz su faceta más agresiva.

¿Qué los conecta con la abundancia? Mantener un perfil bajo. El camino pasa por que los Ocho comprendan que la verdadera riqueza no tiene por qué ser expuesta, sino que es lo que no se ve. Aquí es cuando empiezan a ahorrar y a no despilfarrar dinero en excentricidades para impresionar a terceras personas con el poder que tienen.

Estrategia con el dinero: Multiplicar. Los Ocho pueden convertirse en grandes inversores, ya que ven y viven el riesgo como una oportunidad. Tienen facilidad para multiplicar su dinero.

Deseos económicos: Crearse su propio destino, inspirar a los demás con su confianza y sustentar a su familia.

Miedos monetarios: Depender de terceras personas, sentirse traicionados y terminar siendo estafados.

Pensamiento dominante: «Si tengo dinero puedo mandar».

El dinero les permite: Tener el control de sus vidas, tomar sus propias decisiones y no sentirse dependientes de nada ni de nadie.

¿Cómo pueden desconectarse de la energía del dinero? Arriesgando por encima de sus posibilidades. Los Ocho deben comprender que su libertad y su independencia no tienen precio, que sus familiares y amigos tampoco lo tienen. Pero lo que sí puede costarles un precio bien alto es asumir riesgos que les hagan perder todo lo que ya poseen por tener una ambición descontrolada.

¿Qué tienen que aprender? A sostener el estado de abundancia. Una cosa es ganar dinero y otra bien distinta es conservarlo. Los Ocho pueden ser muy hábiles generándolo, pero verse incapaces de mantener su riqueza. Sostener la abundancia requiere humildad y austeridad, aspectos que deben trabajarse.

Los eneatipo Ocho como compradores: Irán al grano, serán prácticos y no les gustará perder el tiempo. Querrán en todo momento llevar las riendas de la situación y ejercer su poder a su manera. Harán como que lo saben todo sobre el producto, probablemente incluso dé la sensación de que escuchan poco, pero estarán bien pendientes de todo detalle que se les diga.

Se mostrarán firmes con el vendedor para dar la imagen de que en todo momento tienen control de sus emociones, de su dinero y de la compra. Frecuentemente buscarán objetos que sean representativos de su poder y de su estatus. No buscarán grises ni términos medios, más bien se decantarán por extremos.

Para venderle a un eneatipo Ocho hay que ser directo, franco y no dar vueltas. De esta manera se sentirá cómodo y verá que el vendedor habla su mismo lenguaje. Jamás hay que engañarle, y es conveniente que sepa que él está decidiendo y que el vendedor simplemente lo está ayudando a escoger lo que necesita. La experiencia de compra debe ser precisa y correcta.

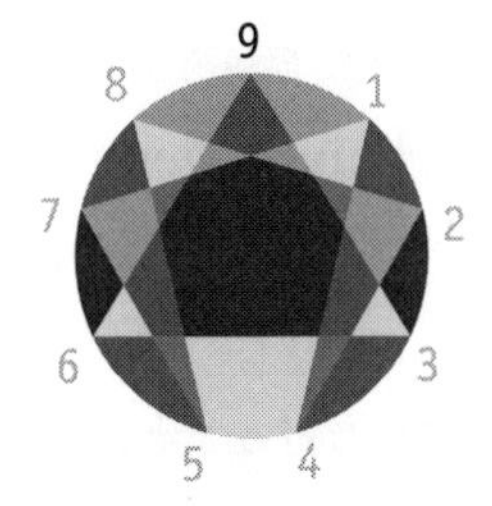

EL ENEATIPO NUEVE Y EL DINERO

> El dinero me da la tranquilidad y la comodidad con las que me gusta vivir en el día a día. Mi hijo siempre me dice que podría emprender, hacer este negocio o el otro, pero siempre llego a la misma conclusión: ¿para qué voy a esforzarme tanto si así de cómodo como estoy es como quiero estar? No quiero estresarme.

José María es arquitecto, tiene 55 años y trabaja en un estudio de arquitectura en las afueras de Buenos Aires. Su horario es intensivo y a las 15.00 termina su jornada laboral.

> El dinero que recibo no es mucho, pero me permite tener comodidad, vivir como quiero y llevar el estilo de vida que me gusta. Valoro tener esa mezcla entre seguridad de mi sueldo y tiempo libre.

Los eneatipo Nueve son personas que buscan paz y tranquilidad en sus vidas. Y esto se refleja en el ámbito económico también. Se muestran prudentes con sus finanzas, no son grandes derrochadores y desean tener dinero para estar cómodos en su vida cotidiana. No suelen plantearse objetivos enormes a nivel económico y están más centrados en el aquí y el ahora que pensando en todo lo que les deparará el futuro.

> El dinero no me valida como persona. Antes trabajaba con el objetivo de conseguir éxito profesional, pero, sinceramente, mi valía personal no depende de la cantidad de dinero que tenga, sino de levantarme cada mañana tranquilo, relajado y en paz conmigo mismo.

La prudencia es una de sus características principales. Los Nueve ven el dinero como algo meramente funcional y no presumen de lo que tienen o hacen, prefieren vivir sin mostrarlo. Valoran el dinero como la herramienta que les aporta paz en su día a día.

Su ambición suele ser más limitada, por lo que no se esfuerzan demasiado en buscar dinero. Se preocupan más por no tener dinero que por querer acumularlo.

Tampoco se mueven por presupuestos rígidos ni controlan al detalle sus finanzas personales. «Mientras todo se vaya pagando ya está bien. La gente piensa y analiza demasiado. A mí me da cierta pereza y siento que me genera más estrés controlar mi dinero que no hacerlo». Les cuesta mantener la continuidad y la constancia, por lo que es habitual que abandonen los procesos para llevar un orden y una estructura al dedillo en su gestión económica.

Pueden escatimar dinero en casa, pero cuando viajan quieren pasárselo bien y tener unas vacaciones o estancia cómodas. El confort es primordial para ellos.

Si ven que el dinero puede ser una fuente de conflicto entre familiares o amigos, son capaces de renunciar a él con tal de mantener el vínculo.

Habilidades:

- ✧ Sistematizan, delegan y se liberan. Son hábiles automatizando pagos, ahorros y delegando gestiones, así no destinan energía a cosas que no les gustan.

- ✧ Generosos con el dinero. Esto aporta tranquilidad a su entorno, ya que ayudan y les gusta compartirlo con sus seres queridos.

- ✧ Inversores pacientes y con la vista en el largo plazo. Plantean escenarios de inversión con una perspectiva amplia, conservadora y que les aporte paz.

Aspectos que mejorar:

- ✧ Prestar más atención. Controlar sus finanzas personales es algo que deben trabajar para hacerse cargo de su dinero y no vivir estresados.

- ✧ Preocuparse sin ocuparse. Sienten que no podrán mantener lo que tienen, que deberían buscar alternativas, pero... no suelen reaccionar y se quedan en la misma situación.

- ✧ Complacencia desmedida. Tolerancia excesiva con su pareja o familiares directos ante gastos desmedidos que afectan directamente a sus vidas.

¿Qué sentimiento los conecta con la escasez? No valorarse. Les cuesta pedir un aumento o que les paguen conforme a lo que aportan. Son capaces de renunciar a reclamar algo que les corresponde con tal de evitar conflictos o momentos de tensión. Tienen un gran potencial, pero no saben venderse.

¿Qué los conecta con la abundancia? La confianza en su instinto. Su ecuanimidad y armonía los llevan a conectarse con la abundancia. Tienen la sensación de que, aun estando en malas épocas económicas, el dinero llega siempre que se necesita.

Estrategia con el dinero: Equilibrar. El Nueve es capaz de vivir equilibrado en riqueza, salud y felicidad, sabiendo que la dirección en la que se mueve es más importante que la velocidad a la que lo hace.

Deseos económicos: Tener para no preocuparse, no prestar atención al dinero y llevar una vida confortable y sin conflictos económicos.

Miedos monetarios: A no tener y que su paz se vea afectada. También a tener discusiones por dinero que puedan generar tensión y distanciamientos con los demás.

Pensamiento dominante: «Gasto dinero para mis necesidades básicas sin estresarme».

El dinero les permite: Mantener la tranquilidad para ocuparse de sus actividades diarias a su ritmo.

¿Cómo pueden desconectarse de la energía del dinero? Menospreciándose. Pueden pagarles poco, aprovechándose de ellos. En ocasiones se conforman con poco o incluso con menos de lo que se merecen.

¿Qué tienen que aprender? A poner el foco en sus habilidades. Para poder brillar, necesitan conocerse y centrarse en potenciar sus dones y talentos con el fin de que el dinero les llegue de forma abundante. Deben pasar de ser dóciles y mansos a tener una actitud más directa, segura y de acción.

Los eneatipo Nueve como compradores: Desean una compra tranquila, sin presiones y con amabilidad. No serán muy directos, pero a la vez buscarán sentirse bien acogidos y correctamente atendidos. Suelen ir a los sitios que conocen buscando comodidad a la hora de comprar. Son clientes fieles, recurrentes y quieren naturalidad en el trato.

No discutirán precios, tampoco tomarán decisiones que comporten demasiada responsabilidad o un esfuerzo monetario elevado. Les costará decidirse en según qué compras y consultarán a familiares, pareja o amigos para saber si están haciendo una buena compra o no. Es habitual que digan: «Ya pasaré más tarde» o «Tengo que consultarlo con mi pareja» cuando tienen serias dudas de si comprar o no.

Para venderle a un eneatipo Nueve es fundamental no atosigarlo ni presionarlo. De lo contrario, se sentirá incómodo, saldrá espantado del lugar y nunca volverá. Resulta importante ponerse en su situación como comprador, conectando con él desde el corazón, la distancia y el respeto con el objetivo de que confíe en la palabra de quien le esté vendiendo.

CONCLUSIONES

En estos momentos es posible que tengas más claros tu tipo de personalidad y tu relación con el dinero. Sin embargo, también habrá personas que estén dudando entre dos o tres eneatipos y se vean bastante identificadas con ellos.

Descubrir tu eneatipo dominante y tus patrones financieros no siempre es tarea sencilla. En ocasiones, requiere tiempo. Para ello es necesario que hagas una pausa y veas los comportamientos que han primado durante la mayor parte de tu vida. Allí encontrarás más respuestas.

Por otro lado, *Dinerograma* intenta explicar que existen diferentes maneras de pensar, sentir y actuar en relación con el dinero. Esta diversidad de personalidades pone de manifiesto que lo que para unos puede constituir un gran consejo financiero para otros puede ser nefasto.

Decirles a los eneatipo Dos que deberían ser más generosos con el dinero y pensar más en los demás podría significar que ahonden en sus propias heridas y sigan cometiendo los mismos errores de siempre. Decirles a los eneatipos Siete en momentos de estrés que deberían correr más riesgos a la hora de invertir sería como echar más agua a personas que corren peligro de ahogarse.

Por eso en esta segunda parte del libro te propongo una hoja de ruta que seguir para conectarte con la verdadera abundancia y disfrutar de tranquilidad económica en función de quién eres y cómo quieres vivir. Para que el plan de acción surta efecto debes tener una verdadera motivación de cambio.

Ya sabes, no creo en las varitas mágicas para conseguir dinero rápido y fácil. Esto va de saber desde dónde partes, tener claro hacia dónde te diriges, conocer los pasos que vas a dar, desarrollar los comportamientos adecuados y ejecutar acciones con una mentalidad de largo plazo. De esta manera, tarde o temprano, los resultados llegan.

No es tan sexy como decirte que descubrirás la fórmula secreta para hacerte millonario, porque eso sería faltarle el respeto a tu inteligencia, pero lo que te presentaré funciona.

Me he tragado durante muchos años promesas como «secretos únicos», «fórmulas infalibles», «dinero sin esfuerzo» y otras tantas sandeces que me han llevado a cometer errores garrafales con mi dinero. Esto te lo contaré más adelante.

Ahora déjame que te explique con detalle los nueve pasos para conseguir la verdadera riqueza en tu vida.

Si yo lo he logrado, tú también puedes hacerlo. Estoy convencido de que te ayudará.

¡Vamos!

SEGUNDA PARTE

Nueve pasos hacia la verdadera riqueza

La verdadera riqueza: el control de tu tiempo

A continuación te presento los nueve pasos para conseguir la verdadera riqueza y alcanzar tu estilo de vida ideal. Ya sabes que para mí no hay mayor signo de abundancia que vivir la vida que deseas y dedicar tiempo a las personas que quieres y a aquello que has decidido hacer libremente.

La felicidad la mido en la capacidad de elección y de movimiento que tengo en el día a día. Son millones las personas que a lo largo de los años han debatido sobre qué es la felicidad sin encontrar una mirada única, pero tener libertad para controlar tu vida sabiendo que tú pones las normas se acerca bastante a lo que para mí es la felicidad.

Y para alcanzar ese estado se necesita, en parte, dinero. No es el objetivo final, pero sí un medio que ayuda (y mucho) a comprar esa libertad. Te podrá gustar más o menos la idea, pero así son las reglas del juego.

Los nueve pasos que te detallo a continuación se aplican a personas solteras, casadas o divorciadas, en pareja, con hijos o sin hijos, emprendedoras o asalariadas. Independientemente de tu situación personal, profesional o del estilo de vida que lleves, puedes utilizar el recorrido propuesto para mejorar tu vida.

Se trata de pasos básicos de mentalidad, inteligencia económica y abundancia que, una vez dados, son capaces de generar cambios radicales de vida. Mi transformación personal en lo relativo al dinero está plasmada en este recorrido. Las personas de mi círculo que han aplicado los pasos también han logrado sus objetivos financieros y han alcanzado la verdadera riqueza: llevar el estilo de vida que desean.

Cada uno de los nueve pasos está relacionado de manera precisa con la energía dominante y los comportamientos más destacados de cada eneatipo. En cada paso aparecen las fortalezas, talentos y habilidades más característicos del eneatipo en cuestión.

No ahondaré en el eneagrama de forma directa en esta última parte del libro. Pero, si prestas atención, advertirás que los comportamientos de cada eneatipo están implícitos en cada uno de los nueve pasos. Sabrás detectarlos si comprendes la herramienta y los diferentes tipos de personalidad.

Es decir, en el primer paso verás que algunas de las aptitudes y comportamientos más positivos del eneatipo Uno, como el orden, la estructura y el hecho de ser previsor, son los que necesitas para poner en marcha tu plan económico y de vida.

En el quinto paso, comprenderás por qué es tan importante moverse desde los deseos y mejores comportamientos del eneatipo Cinco, como la prudencia, el vivir sin ataduras y el hecho de priorizar la libertad y la independencia, para continuar con la hoja de ruta.

Como ya sabes, ningún eneatipo es mejor o peor que otro. Ahora bien, de lo que estoy seguro es de que aprender las habilidades emocionales de cada eneatipo nos permitirá tener una mejor relación con el dinero. Porque lo que te sale de forma natural a ti es posible que a mí no se me dé bien. Y viceversa, yo puedo ayudarte inspirándote en comportamientos en los que tú cojeas.

Aprender de los nueve eneatipos nos garantiza adquirir los mejores atributos de la condición humana, nos impulsa a desarrollarnos personal y espiritualmente si integramos los comportamientos más esenciales de cada uno de los tipos.

Me he reunido con personas que, sin estudios y sin formación económica, tenían mejores resultados financieros que otras con doctorados en Economía y másteres en su haber. Esto pasa más a menudo de lo que imaginamos, ya que el dinero es una de esas áreas en las que lo que uno sabe no siempre es tan importante como las creencias, actitudes y comportamientos que tenga.

Tu situación financiera actual es un fiel y verdadero reflejo de cómo piensas, cómo te mueves, qué aplicas y cómo gestionas tu relación con el dinero.

Eso sí, como he repetido en innumerables ocasiones en mi vida y en este libro, insisto en que no creo en las fórmulas mágicas ni en nada que se imponga de manera rígida e inflexible. Es importante que sepas que este proceso de nueve pasos puedes alterarlo, cambiarlo y personalizarlo a tu gusto. Tienes permiso para desechar los puntos del plan que no te sirvan y moldearlo a tu manera.

Habrá personas que no lo arranquen en la fase uno porque ya la hayan superado. Pues bien, ya tendrán un escalón recorrido de los nueve que propongo. Estarán más cerca de la verdadera riqueza.

Y, a medida que te vuelvas más inteligente con tu dinero, más pasos podrás hacer de manera simultánea. No se trata de soltar uno y ponerte con el siguiente olvidándote del anterior. Lleva a cabo diferentes pasos en paralelo y verás que los resultados llegan de forma exponencial.

Eso sí, no te saltes ningún paso a la hora de la lectura, ya que es una metodología que te va guiando hacia ese punto reconfortante de abundancia y equilibrio personal, profesional y económico.

Tres modos de vivir

Verás que, a la hora de relacionarte con el dinero, hay tres fases bien definidas que debes atravesar para conseguir la verdadera riqueza:

- **Modo supervivencia**
- **Modo reseteo**
- **Modo abundancia**

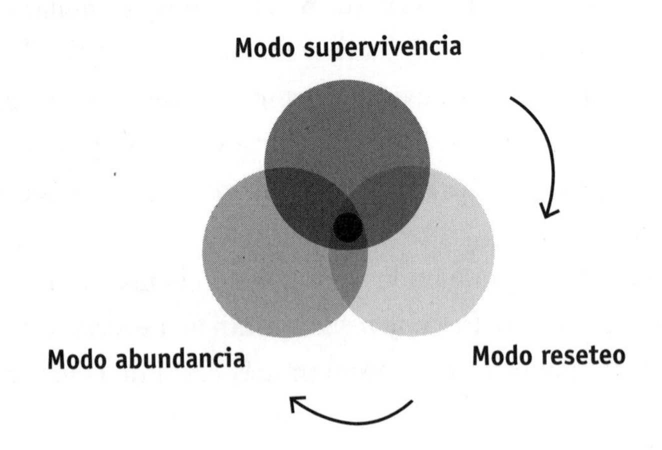

Modo supervivencia

Quien más, quien menos todos hemos transitado por la primera fase. De hecho, y lamentablemente, es la más habitual. Consiste en estar en modo supervivencia: ingresando dinero, pagando servicios, impuestos, deudas, comprando productos y gastando en diferentes áreas personales y de ocio.

Es la fase en la que están, de forma más o menos consciente, la mayoría de las personas adultas en su día a día. En este modo de vivir, las personas no tienen inquietudes económicas y sufren ansiedad y estrés al verse atrapadas en una rueda de la que les resulta complicado salir.

Podrás pensar que salir de ella es cuestión de tener más o menos dinero. Sin embargo, como comprobarás en las siguientes páginas, no es cierto. Puedes estar ingresando veinte mil euros al mes, vivir de lujo y aun así estar en esta primera fase. No es una cuestión de cantidad, sino de mentalidad, hábitos y comportamientos.

Los estados emocionales o actitudes que suelen encontrarse en esta primera fase son resignación, ignorancia absoluta, mirada enfocada en el corto plazo, evasión para observar la realidad desde otra perspectiva, incapacidad de acción para mejorar la situación económica o excesiva impulsividad con las acciones puestas en el día a día.

Frases como «es lo que hay», «no soy feliz, pero tal y como está el patio no puedo quejarme cobrando el sueldo mínimo», «se nos va el dinero de las manos» o «no me da la vida» son habituales y se envuelven en la resignación y la inacción.

El primer objetivo es tomar consciencia de que permanecer en esta fase te convierte en una persona frágil económicamente.

Para no quedarte estancado viviendo en piloto automático, tienes que pasar con urgencia al siguiente modo de vivir.

Modo reseteo

En esta segunda fase, empiezas a despertar tu curiosidad de aprender y formarte sobre el dinero y las finanzas personales. Comienzas la construcción de un puente entre la escasez de la fase inicial y la abundancia de la tercera fase.

Es un momento en el que das un significado más amplio al dinero, a la forma en la que te relacionas con él y a la vida en general. Tu mirada deja de ser cortoplacista para observar con perspectiva y distancia hacia el largo plazo.

Además, va forjándose un mayor grado de responsabilidad en el control de tu economía personal y familiar, hecho que te mueve a investigar, probar, curiosear y ver desde otra perspectiva algunos de tus comportamientos habituales en relación con el dinero.

Empiezas a cuestionar las creencias que tienes sobre el dinero y adquieres hábitos económicos más saludables poniendo en práctica lo aprendido. Por último, confirmas la dirección económica y el estilo de vida que quieres llevar viendo resultados satisfactorios.

Modo abundancia

En la fase final, adoptas una actitud enfocada en la acción, creas oportunidades tanto de negocio como de inversión y encuentras un verdadero y rico balance personal, profesional y económico.

Trabajas tu mentalidad, eres capaz de tener una visión alternativa del dinero y experimentas la verdadera riqueza, que consiste en ser dueño de tu tiempo de manera absoluta.

Cuando conectas con esta fase, quiere decir que has encontrado la forma de llevar a cabo tu estilo de vida ideal. Tienes tus propias normas, las aplicas y nadie te controla, ya que eres tú quien controla tu agenda.

Tomas decisiones inteligentes destinando los recursos adecuados para seguir conservando e incrementando tu libertad.

3

Primera etapa: modo supervivencia

En la primera fase, comenzarás a encontrar tu estilo de vida ideal, definirás cómo quieres vivir y sabrás qué acciones debes incorporar a tu día a día para lograr tus objetivos económicos.

Gracias a la energía del eneatipo Uno, podemos empezar a poner control y orden en nuestra vida. El eneatipo Dos nos ayudará a no gastar más de lo que debemos y a establecer límites en nuestras salidas de dinero. Por último, el eneatipo Tres incentivará la consecución de metas económicas y aportará unos mayores ingresos.

En esta fase resulta de vital importancia construir unos cimientos sólidos para edificar una vida abundante en la que haya un control sobre nuestras decisiones y un claro camino que recorrer con determinación y goce.

PASO UNO: ALMOHADA FINANCIERA

Un norteamericano y su brújula

En 2016 me mudé a Costa Rica junto a mi pareja. Allí estuvimos dos años trabajando, emprendiendo y ahorrando. Detectamos una posibilidad de negocio (una marca de ropa femenina) en el país centroamericano y rápidamente vimos que podría ser un paso adecuado para llevar nuestro estilo de vida ideal.

Una semana de diciembre, asistimos a un evento de moda en Guanacaste, al nordeste de Costa Rica, en la frontera con Nicaragua. Pasamos una semana alojados en un hotel que daba a la playa. Había un bonito ambiente hippie-chic que reunía a norteamericanos, canadienses y europeos con camisas de manga corta, bañadores coloridos y tablas de surf.

Cada mañana, mientras desayunábamos el famoso gallo pinto, el típico plato de Centroamérica con arroz y frijoles, veía a un hombre de unos sesenta años sentado siempre en la misma mesa. Tenía el pelo blanco, la piel muy bronceada y caminaba con una sonrisa en la cara.

Me llamaba la atención su capacidad para observar, sonreír y disfrutar de todo lo que hacía. También que siempre pidiera exactamente lo mismo: un zumo de piña, tostadas con mermelada de tamarindo y un vaso extragrande de agua helada.

Pero, sobre todas las cosas, me generaba curiosidad el hecho de que vivía con una libreta en la mano. Tomaba notas de manera constante. Estaba siempre solo y lo único que hacía era mirar, escribir, sonreír y desaparecer.

Cada día que se repetía la misma escena, mi curiosidad por saber qué anotaba ese hombre, a qué dedicaba sus horas y qué pensaba sobre la vida crecía de forma exponencial.

Una mañana forcé un encuentro en la barra del desayuno y ahí comenzó una bonita conversación que me cambió la vida y que aderecé con una batería de preguntas por mi parte.

Él se llamaba Sam, era médico y venía de Chicago. Hacía cuatro meses que viajaba por Costa Rica y no tenía claro cuándo iba a dejar el país.

Al cabo de unos minutos, agarrando algo de confianza, le pregunté:

—¿Qué cosas apuntas en la libreta?

—Lo que voy sintiendo y haciendo en mi día a día. Algo que me gusta, lo apunto. Algo que no me gusta, también lo apunto. Además, aquí tengo escrita mi brújula de vida.

—¿Qué es eso?

—El ejercicio que me cambió la vida y que hoy me permite estar aquí contigo, *Don Nachou* —me dijo con su acento estadounidense.

Supo captar mi atención.

—Es una lista que escribí hace casi diez años de las cosas que quería y las que no quería en mi vida. ¿Y sabes qué poder tiene esto? Se ha convertido en mi brújula a la hora de tomar decisiones. Gracias a esta lista, sé la dirección que tengo que seguir en mi vida y qué caminos no van conmigo. Es lo que me mantiene y no me desvía a la hora de conseguir mi estilo de vida ideal.

Hacía ocho años que Sam había abandonado la consulta médica que su bisabuelo le había dejado en herencia a su abuelo, que este a su vez dejó a su padre y que finalmente acabó en manos de Sam.

Todos habían trabajado como médicos en la clínica. Sin embargo, Sam no quería seguir pasando años enteros metido en una sala de nueve metros cuadrados atendiendo a pacientes. Había entrado por mandato familiar sin cuestionarse si era el estilo de vida que deseaba llevar.

Cogió una libreta, apuntó todo lo que quería y lo que no quería hacer en la vida, y trabajó para llevar a cabo un plan financiero que le permitiera cumplir sus sueños. Años más tarde, y tras mucha dedicación y compromiso, lo estaba logrando. Al día siguiente, quedamos para desayunar y nos enseñó su propia hoja de ruta y los pasos que había tomado para ser libre económicamente. Yo le conté cuál era el estilo de vida por el que trabajaba y mi plan económico para llevarlo a cabo.

Al terminar de explicarle mi propia hoja de ruta, que te detallaré más adelante, me dijo: «Muy bien, Nacho. Ya tienes el qué, encontrarás el cómo. El camino se hace andando, y las respuestas aparecen a medida que avanzas y tomas decisiones a partir de lo que quieres y lo que no quieres en tu vida».

Sam me invitó a realizar el ejercicio. Me comentó que, en realidad, tener claro hacia dónde deseamos ir es más simple de lo que imaginamos, pero requiere conocernos y contarnos verdades a nosotros mismos.

Hoy, mirando en retrospectiva, puedo afirmar que lo que él me explicaba era cierto. No es sencillo, no hay fórmulas mágicas ni verdades absolutas, pero sí que es más simple de lo que creía inicialmente. Sam, que en los cinco últimos años había estudiado economía, me recalcó con insistencia la importancia de tener control sobre mi dinero y educarme más en el ámbito financiero.

Él fue el gran motor que me impulsó a formarme en economía, finanzas personales, dinero e inversión.

Antes de despedirse para hacer una excursión a caballo, Sam se terminó su zumo de piña, me miró y, entre risas, brindó: «*Nachou.* Esta es la verdadera riqueza. Hago lo que me sale de los huevos y nadie me controla, ja, ja, ja».

¿El dinero soluciona todos los problemas?

El dinero no soluciona todos los problemas de la vida, eso es obvio. Pero, como ya hemos comentado, sí soluciona todos los problemas económicos de la vida. Y esto ya es un gran indicador para prestarle mucha atención.

Tener una cuenta bancaria abundante nos permite llevar nuestro estilo de vida ideal independientemente de cuál sea y qué decidamos. Nos da una mayor posibilidad de elección, sintiendo que controlamos nuestros movimientos y que somos dueños de nuestro destino.

Angus Campbell, psicólogo norteamericano de la Universidad de Michigan, realizó un estudio para saber qué hacía felices a las personas. En su libro *The Sense of Well-Being in America*, exponía que la sensación de controlar tu propia vida es el indicador más fiable de tener un sentimiento positivo de bienestar. Incluso predomina por encima de cualquier otra condición objetiva de vida que él y su equipo hubieran analizado.

Es decir, decidir cómo aprovechar el tiempo es lo que más feliz hace a las personas. La libertad y la capacidad de tener control sobre tu agenda es indispensable para llevar una existencia plena. Y no se trata de comparar si es mejor vivir en la playa, en la montaña o en la ciudad. No va de dictar sentencia sobre si la felicidad pasa por tener o no tener hijos, pareja o mascotas. Tampoco por si tienes que emprender o trabajar por cuenta ajena.

La clave para alcanzar la verdadera riqueza está en conocernos, ver cómo queremos vivir y disponer del dinero que nos permita llevar ese estilo de vida. Por ello debemos aprender, crear un plan y dominar las reglas del dinero en base a quiénes somos y qué queremos.

A lo largo de mi vida, he estado compartiendo momentos, vacaciones y negocios con gente (a priori) rica, que tenía una cuenta bancaria llena de ceros, pero no era capaz de decidir qué hacer con su vida. Eran meras marionetas de otras personas, de un jefe desequilibrado, de su estatus, de su negocio o de su personaje público.

Muchos ceros en la cuenta, pero esclavos de terceros. Quince días de barco en Ibiza a todo trapo, un Audi Q8 *full equip* en el garaje, pero 350 días de esclavitud. La lucha por aumentar el estatus es el cáncer de la clase media que aparenta ser rica pero va construyendo un puente directo hacia la escasez.

Lo que muchos ignoran es que gastar dinero para mostrarles a otras personas cuánto tienes es la manera más rápida de tener menos dinero.

Mucho dinero, poca libertad. A mí esta fórmula no termina de convencerme. Quiero dinero y, por supuesto, libertad. Lo uno y lo otro. Te lo explicaré, pero déjame que te cuente algo que te va a interesar (y mucho).

Define tu estilo de vida

Una de las primeras preguntas que hay que responder para poner orden en tu vida es: ¿cuál es mi estilo de vida ideal?

Al igual que las empresas diseñan un plan de negocio, en nuestra vida deberíamos tener diseñado un plan para llevar la vida que realmente queremos. Sin embargo, la mayoría de las personas no lo hacen.

Si sabemos hacia dónde nos dirigimos, es más fácil tomar decisiones que estén alineadas con nuestra manera de vivir. Tener una visión de vida es el punto de partida más honesto y real para conseguir la verdadera abundancia.

Saber cómo queremos vivir, dónde, con quién, de qué manera, con qué presupuesto, con qué personas y haciendo qué actividades da la información necesaria para caminar en la dirección adecuada.

Además, si tienes claro tu norte, podrás detectar cuándo estás tomando decisiones ridículas e incoherentes que te alejan de tu objetivo. Te darás cuenta de cuándo no encajan las piezas y en qué momento estás poniéndote palos en las ruedas.

Es necesario que seas consciente (y te cuentes la verdad) acerca de tus planes y de las decisiones que tomas. ¿Tu estilo de vida ideal es compatible con el hecho de tener una relación de pareja tradicional? ¿Estás viviendo en el país correcto o en la ciudad indicada? ¿Trabajas en lo que que deseas? ¿Estás construyendo la empresa que realmente quieres? (si es que quieres, claro).

Para poder encontrar la dirección clara de tu vida, quiero regalarte un audio en el que te enseñaré cómo llevar a cabo lo que en su momento me recomendó Sam. Son los ejercicios que yo mismo he hecho y que me han ayudado a vivir como deseaba vivir: libre, sin ataduras y dedicándome a lo que me gusta.

Pero, ¡ojo!, mi estilo de vida ideal puede que sea el que menos te guste a ti. Debes encontrar el tuyo propio y empezar a construir teniendo claro qué es lo que quieres. No hay mejores ni peores, solo verdades que salen del corazón.

Entra en <www.nachomuhlenberg.com/dinerograma> y tendrás acceso de forma gratuita al audio y a los ejercicios. Te recomiendo de corazón que los hagas, ya que son el primer gran paso hacia la verdadera riqueza. Deja de huir de tu verdadero rumbo y empieza a construir tu propio camino a la consciencia.

Crea tu almohada financiera

PRIMER OBJETIVO:
NO ESTAR A UN MES DE LA QUIEBRA FINANCIERA

Para vivir nuestro estilo de vida ideal, debemos empezar a construir desde un terreno sólido. Irte a dormir sabiendo que tienes un sustento económico que te amortigüe en caso de caída es sinónimo de tranquilidad.

Es simple, parece obvio, pero independientemente de la cantidad que se cobre no se puede estar a un mes de no disponer de dinero para pagar tus gastos básicos.

En la encuesta sobre Integración y Necesidades Sociales de la Fundación FOESSA 2021 de Cáritas, se expone que el 45,2 % de la población española tiene alguna dificultad para llegar a final de mes. Es decir, casi una de cada dos personas sufre problemas importantes de dinero de forma recurrente.

Un aspecto destacable, y que resulta todavía más preocupante, es que esta encuesta no tiene en cuenta a las personas que llegan de forma holgada a final de mes, pero que igualmente están a treinta días de la quiebra económica. Si tan solo un mes les fallara la nómina o tuvieran un imprevisto notable, su situación económica sería dramática y no podrían hacerse cargo de las obligaciones mensuales.

Para no estar en esta posición de extrema fragilidad, el primer paso es empezar a generar con urgencia tu almohada financiera. Llamo «almohada financiera» a un fondo de mínimo 3.000 euros que te permita irte a la cama con cierta tranquilidad sabiendo que, si en un mes sucede un imprevisto, tienes algo de dinero con el que cubrirte.

Los 3.000 euros pueden sonar a poco (o no), pero es primordial tenerlos y no tocarlos bajo ningún concepto salvo que sea una urgencia real. Este no será el colchón de seguridad (ya veremos cómo hacerlo de manera efectiva más adelante), pero sí que será un movimiento indispensable para no vivir al límite.

Si no sabes cómo hacerlo o por dónde empezar, en el paso

seis verás qué acciones pueden ayudarte a ahorrar de manera efectiva. Lo que es importante es ponerse el objetivo de conseguir la almohada financiera de forma urgente y como máxima prioridad económica.

Ahora bien, al margen de cuál sea tu situación financiera, tu facturación o tu sueldo, deberías destinar como mínimo un 10 % de tu salario total neto mensual para ir creando tu fondo de 3.000 euros ahorrados.

En este primer paso, propondremos un porcentaje poco ambicioso y mínimo del 10 %. Más adelante veremos por qué la clave está en aumentar esta cifra, pero de eso te hablaré concretamente en el paso seis.

Ahora bien, es probable que experimentes lo que supone pagar los peajes que tal vez nunca habías estado dispuesto a pagar. Quizá necesites hacer más horas extra en el trabajo o negocio, buscar otro trabajo que no te guste, suprimir todo tipo de ocio durante un tiempo o alimentarte a base de arroz blanco durante un mes y medio.

Lo siento, pero si no cuentas con una almohada financiera tendrás que ganártela con sacrificio.

Recuerda que esto es temporal y forma parte del plan. No es un estilo de vida permanente, sino acciones que realizar para no verte en una posición de indefensión absoluta.

Insisto, sea cual sea tu situación, con imperiosa urgencia debes conseguir ese dinero en tu cuenta corriente o en efectivo.

Muchas personas que viven al día y que llegan ahogadas a final de mes pensarán que es imposible conseguir 3.000 euros extras. Pero con esfuerzo, constancia y creatividad se logran. Dicen que la necesidad aguza el ingenio, y es hora de demostrarlo.

Esta almohada financiera puedes tenerla en el banco o en tu casa. Solo hay dos premisas que tener en cuenta:

1) La primera es que solo la uses para emergencias e imprevistos de primera necesidad.
2) La segunda es que tengas acceso de manera inmediata al dinero cuando lo necesites.

Que un amigo te invite un fin de semana a Ibiza no es una emergencia. Que te apetezca irte a jugar al golf tampoco lo es. Que salga el nuevo teléfono con cámara de trillones de megapíxeles para subir tus fotos a las redes sociales y fardar con tus amigotes tampoco lo es.

Ahora bien, si se te estropea el ordenador y trabajas con él, sí es una emergencia. Si se te avería la caldera, también. Si se te rompe una muela y necesitas un implante, más de lo mismo. Creo que queda claro qué es una emergencia real y qué no.

El objetivo de este pequeño fondo de emergencias es evitar contraer deudas si surge un contratiempo. Es evidente que 3.000 euros no resolverán graves problemas económicos, pero sí ayudarán a afrontar pequeños tropiezos financieros, gastos inoportunos y urgencias personales. Es el primer paso hacia una salud financiera óptima.

Eso sí, en caso de necesitar, por ejemplo, 800 euros de tu almohada financiera para un gasto imprevisto, deberás reponer ese dinero a la mayor brevedad posible. Recuerda que este pequeño fondo es para tu propia protección, por lo que si utilizas dinero siempre deberás devolverlo.

Una vez que ya tengas la almohada financiera que te permita

irte a la cama con cierto margen de movimiento y tranquilidad emocional, podrás lanzarte al paso dos. Se trata de un paso que muchas personas infravaloran, pero, si no eres capaz de realizarlo, jamás dominarás el juego del dinero.

PASO DOS: *FOLLOW THE MONEY*

El asesino silencioso

En 2017, con nuestra empresa textil en Costa Rica, de la que te hablé en el capítulo anterior, cumplimos el objetivo económico de acercarnos a los 100.000 euros de facturación en un año.

Pasamos de obtener unos ingresos de unos 6.000 euros mensuales a conseguirlos en un par de días con nuestros *showrooms* privados. Cambiamos nuestro modelo de negocio y los beneficios se multiplicaron. Ahí fue cuando hicimos un gran clic económico y rompimos un techo de cristal mental que nos limitaba para poder generar más dinero.

Ese año facturamos unos 95.000 euros. Nuestros ingresos aumentaron considerablemente respecto a los anteriores. Estábamos contentos por haber triplicado la facturación en apenas un año con un negocio simple, altamente rentable y de reciente creación.

Sin embargo, entre alegría y alegría, caímos en una trampa: empezamos a gastar más dinero. Mucho más dinero. Cuanto más entraba, más gastábamos.

Al hacer un balance del año, vimos algo que nos llamó poderosamente la atención: en 2016, nuestro año inicial, facturamos 35.000 euros y gastamos 28.000 euros. Nos quedaron 7.000 euros limpios, que fueron destinados al ahorro familiar.

Un año más tarde, facturamos 95.000 euros y gastamos 93.800 euros, casi el triple de facturación y una disminución del 83 % de ahorro para que quedaran apenas 1.200 euros anuales de beneficio neto.

Podrías pensar que fue porque realizamos una gran inversión en la empresa, porque destinamos un presupuesto muy amplio al *branding*, al marketing, la comunicación o porque la logística disparó los gastos. Pero no fue así.

Gastamos más porque entró más dinero. Empezamos a utilizar el dinero de la empresa en gastos cotidianos personales. Comprábamos más ropa, tecnología innecesaria y objetos inútiles para la casa. Comenzamos a viajar más, y decidimos que comeríamos y cenaríamos siempre fuera de casa para no lavar platos y ganar tiempo. Total... pagaba la empresa...

Adoptamos nuevos hábitos que no teníamos incorporados y que fuimos normalizando. Empezamos a destinar dinero a supuestas necesidades que antes no teníamos. Aumentamos nuestro ritmo de vida de forma desenfrenada, cometiendo un grotesco error para nuestras finanzas.

En ese momento comprendimos que los gastos son como una especie de gas que se va expandiendo sin avisar y sin que uno se dé cuenta. El gasto desmedido es el asesino silencioso que puede destrozar familias y empresas. Aumentar gastos a medida que aumentan nuestros ingresos no solo no nos llevará a conseguir la verdadera riqueza, sino que nos alejará de ella.

¿Cómo lo solucionamos? Te lo explico a continuación.

Si no controlas tu dinero, él te controla a ti

Este segundo paso para alcanzar la verdadera riqueza no es sexy para la gran mayoría de las personas, pero es indispensable para conseguir libertad. Además, resulta bastante sencillo.

SEGUNDO OBJETIVO:
LLEVA UN CONTROL DE TUS GASTOS

El paso dos consiste en que a partir de ahora tienes que controlar cada céntimo que entre o salga de tu vida.

¿Cada céntimo? Sí.

¿Todos? Sí, todos.

¿Hasta el café que tomo en el bar y me cuesta 1,80 euros? Correcto.

¿Voy a comprarle un huevo Kinder a mi hijo que vale 1 euro y también debo tenerlo controlado? Así es.

¿Tengo que apuntar también la compra del supermercado? Imagino que ya sabes la respuesta. Sí, sí y sí.

Cada euro que sale de tu cartera o tu cuenta bancaria lo apuntas. Cada céntimo que entra en tu cartera o en tu cuenta bancaria también lo apuntas. Muy simple. Puede sonar estresante al principio, pero no te preocupes, en este capítulo te enseñaré cómo llevarlo a cabo de una forma que hasta te parecerá sexy.

Unos días antes de comenzar este ejercicio por primera vez, hace ya casi cinco años, pensaba que tenía controlado el dinero que entraba y salía. Sin embargo, al hacerlo me di cuenta de que estaba equivocado. Muy equivocado.

Creía que, a grandes rasgos, sabía lo que gastaba comiendo fuera de casa, en gasolina o en ropa, pero en realidad no era así. No lo sabía, solo lo creía, que es muy diferente. Dejar de suponer y ponerme a sumar, restar, dividir y multiplicar como si fuera un niño pequeño me cambió la vida. Puede sonar a chiste, pero es cierto.

Perezoso pero eficiente

Muchos son los que se atascan en este punto y lo infravaloran, y los entiendo. Consideran que llevar una contabilidad doméstica al detalle es tedioso y que no sirve para nada. Yo era de los que pensaban así, te prometo que no podía darme más pereza. Hasta sentía que el hecho de controlar cada céntimo era de personas con mentalidad de escasez. Pero nada más lejos de la realidad.

En su libro *El millonario de al lado*, Thomas J. Stanley y William D. Danko destacan que un alto porcentaje de las personas que son millonarias en Estados Unidos y que poseen un gran patrimonio llevan un control detallado de lo que gastan de forma mensual y anual.

Por otro lado, las personas que suelen contar con poco patrimonio no tienen controlados sus gastos. No sé tú, pero yo tengo claro en qué lado quiero estar siempre. Al menos quería probarlo y comprobar si surtía efecto o no, ya que tanto hablaban de esto.

Llevar un control minucioso del dinero es la manera de tener consciencia de los movimientos reales de tu vida. En qué gastas el dinero habla de cómo eres y cuáles son las prioridades de tu vida.

Gracias al control de tus finanzas, podrás detectar adónde se te va gran parte del dinero, cuáles son esos gastos diarios que, acumulados mensualmente, marcan la diferencia o aquello que supuestamente es importante para ti, pero a lo que al cabo de un mes no estás dando importancia. Contarte la verdad puede ser doloroso, pero es sanador para tu economía personal.

Tanto si ganas 1.000, 4.000 o 20.000 euros al mes, deberías seguir el rastro de tu dinero. Hoy, con los recursos tecnológicos que tenemos a nuestra disposición, es muy sencillo.

Este segundo paso es una invitación a dejar de ser descuidado y desorganizado para ser preciso e impecable con tus finanzas. Llevando a cabo este control de gastos podrás ver a corto, medio y largo plazo cambios abismales en tu relación con el dinero.

¿Cómo lo hago yo?

Herramientas para seguir el rastro de tu dinero hay muchas: desde el mismo Excel, aplicaciones para el móvil de todo tipo, el método japonés Kakebo, programas de ordenador, etcétera. A nivel personal, yo soy muy básico, hemos hecho algo que tanto a mí como a mi pareja nos funciona.

Hemos creado un grupo de WhatsApp que llamamos «Gastos». En este grupo solo estamos ella y yo, y tiene dos reglas inquebrantables:

La primera es que debemos escribir todos los gastos que hagamos, absolutamente todos. Ya sabes, una barra de pan se anota; unos zapatos, también. Y la recomendación es que lo hagas en cuanto hayas pagado.

Tengo que admitir que en mi familia ya lo hemos convertido en un hábito. Es como levantarme y lavarme los dientes. No lo pienso, me sale automático. Yo pago con el teléfono (tengo la tarjeta configurada) y nada más terminar el pago, abro el WhatsApp y anoto el gasto. Por ejemplo: «73,48 euros – Supermercado».

Y la segunda norma es que no se puede hablar por ese grupo. Solo veremos números para poder tenerlo limpio. Las charlas entre ella y yo se hacen por el chat habilitado para ello.

Una vez a la semana, abro el ordenador y dedico diez minutos a poner en mi Excel todos los datos divididos en categorías. Si quieres saber cómo lo hago, voy a dejarte de regalo mi Excel particular para que puedas probarlo.

Visita <www.nachomuhlenberg.com/dinerograma> y encontrarás gratuitamente la descarga del recurso que utilizo a nivel personal.

Convertirlo en un hábito

No voy a negarte que los primeros días registrando cada euro que salía tanto de la billetera de mi pareja como de la mía nos costó. Pero, al margen de la pereza que nos daba, sabíamos que era una parte necesaria del camino hacia el dominio de nuestra economía y de nuestra vida.

No sabíamos si lo haríamos toda la vida con tanto detalle, pero teníamos la certeza de que era lo que necesitábamos en ese momento. Conocer qué gastos eran apropiados, conscientes y gratificantes para nosotros, y cuáles resultaban innecesarios era clave para saber si nos estábamos acercando o alejando de nuestro estilo de vida ideal.

Jamás pensamos que llevar un control de gastos sería tan revelador para nuestras finanzas personales y familiares. Nos volvimos precisos e impecables con nuestro dinero y esto nos llevó a reducir nuestros gastos de manera consciente y voluntaria.

Esto nos permite:

1) Ahorrar más dinero y, por lo tanto, ganar libertad y llevar a cabo nuestro estilo de vida ideal.
2) Invertir más capital, lo que nos acerca a la verdadera riqueza. Pero esto te lo explico más adelante porque forma parte de los siguientes pasos.

Pequeños pasos, grandes avances

Gracias a este sistema, hemos comprobado que nuestras finanzas gozan de mejor salud. Hemos tomado mejores decisiones económicas, nuestros hábitos han cambiado y las necesidades han disminuido de un modo natural. Sabemos qué necesitamos para ser felices (menos de lo que imaginábamos) y gastamos en concordancia. Parece curioso, pero funciona.

En el momento de escribir estas líneas, hemos dejado de monitorizar al detalle cada gasto que tenemos. Sabemos cuánto dinero nos cuesta mantener nuestro estilo de vida ideal y seguimos siendo cuidados con nuestras finanzas, pero en lugar de tanto control férreo nos centramos más en el paso tres que en este segundo.

Nosotros como pareja, en función de la fase en la que estemos, vamos encontrando una fórmula que nos sirve a nosotros, pero eso no quiere decir que a todo el mundo le funcione de la misma manera. A nivel de organización del dinero, cada persona, familia y pareja tiene que encontrar lo que sea útil para cada caso.

Tener pareja e hijos no es igual que estar soltero o tener una pareja con la que no se convive. Cada persona tiene su propio ecosistema económico con su singularidad y su tipo de personalidad.

Te invito a que encuentres tu fórmula y que tenga como ingrediente todo aquello que te resulte útil y te acerque a la vida que deseas. Recuerda: tu vida, tus normas.

A nivel personal, entiendo a mi pareja como mi compañera de vida. Somos un núcleo familiar donde todo el dinero que entra es para la familia. Cada uno tiene sus propias cuentas corrientes, pero pensamos y actuamos de forma conjunta. El famoso «todo es de todos».

Y el hecho de sentarnos frecuentemente a hablar del dinero, ver los gastos y comentar al otro nuestras inquietudes, miedos y deseos hace que seamos más conscientes de lo que gastamos y en qué lo gastamos. Somos un equipo a la hora de llevar las finanzas familiares, y la honestidad es un valor intrínseco en la relación.

Por cierto, detallar los gastos vía WhatsApp no significa controlar lo que está haciendo la otra persona. Tampoco implica que haya restricciones, ya que cada uno maneja su dinero, es un adulto responsable y sabe que hay intereses y necesidades comunes, pero también personales y caprichos que nos hacen felices.

ATENCIÓN: Cuando uno comienza a poner orden en las finanzas personales, es habitual irse a extremos adoptando comportamientos restrictivos. No es lo recomendable, ya que estos planes frugales se vuelven insostenibles en el tiempo.

Sacar nuestras finanzas personales a la luz con el otro nos permite detectar patrones, hábitos de comportamiento y ajustar y recalibrar nuestra estrategia económica. Sin obsesiones, ni mucho menos, pero con consciencia y un sano equilibrio económico y emocional.

Controlar tu dinero, ahorrar más y empezar a experimentar la sensación de libertad te prepara para dar el tercer paso. Uno de los más cruciales, ya que te llevará más rápido a la verdadera riqueza.

Deja que te lo explique, porque puede cambiarte la vida. En mi caso, lo ha hecho.

PASO TRES: MULTIPLICA INGRESOS

Operación Valentina

A estas alturas del camino hacia la verdadera riqueza, ya has visto que tener una almohada financiera de unos 3.000 euros te concede un pequeño respiro y cierta tranquilidad para moverte en caso de urgencia económica. No es mucho dinero, pero es un comienzo que toda persona que esté leyendo este libro debe tener como primer paso.

Además, como hemos visto en el capítulo anterior, conocer con todo detalle adónde va cada uno de los céntimos que entran y salen te permite ajustar y tener consciencia de todos los movimientos de dinero que realizas.

Ahora bien, para ir dejando atrás la fase de supervivencia y sumergirnos en el siguiente nivel, hay una premisa que te catapultará a comenzar a jugar en niveles más altos: tienes que aumentar el dinero que entra en tu cuenta corriente. Llega el momento de cambiar la mentalidad con el objetivo de generar nuevas fuentes de ingresos.

En 2010 me fui a vivir a Bali (Indonesia) con Rodri, uno de

mis mejores amigos. Fuimos con la intención de montar un bar-restaurante. Él se dedicaba a la restauración desde hacía años, pero yo no tenía ni idea de cómo funcionaba el sector. Eso sí, tenía dinero ahorrado que quería invertir y muchas ganas de aprender. Yo ponía capital y actitud. Rodri, el *know-how* y otro porcentaje del capital. Pintaba bien en la teoría, pero nada de esto funcionó en la práctica. Las cosas cambiaron de rumbo, aunque te lo explicaré más adelante.

Bien. En la isla de los dioses, hoy convertida en un paraíso natural (y fiscal) para muchos nómadas digitales, empezamos a contactar con diferentes inversores extranjeros que tenían negocios allí montados con el objetivo de aprender y recoger *feedback*.

Estando en una fiesta privada, uno de los lugares indicados para cerrar acuerdos, hacer *networking* y conocer a personas que nos ayudasen a crecer, conocimos a una italiana que me cambió la mentalidad a la hora de hacer negocios y generar dinero.

Valentina, morena, alta y con una actitud brillante, tenía 48 años el día que nos la presentó un amigo en común. Era la dueña de una marca de bolsos en Indonesia, tenía una empresa de reparto a domicilio en Milán y dirigía otro pequeño negocio propio en el sur de Bali relacionado con el buceo.

Charlando con Valentina, le conté que antes de mudarme a Bali había estado trabajando mucho en Barcelona para poder ahorrar.

—Mi objetivo en la vida es tener tranquilidad financiera y no depender económicamente de ningún jefe ni trabajo para poder controlar mi tiempo. Por eso ahorro cada mes —le comenté esa primera noche.

—¿Cuánto dinero estabas ahorrando cada mes antes de venir aquí? —me preguntó sin titubeos.

Me sorprendió que, sin conocerme de nada, ya me preguntara por cifras concretas. Hablaba del dinero sin tapujos. Aquello me gustó, pero a la vez me incomodó.

—Cuatrocientos euros. Me di de baja del club de tenis para ahorrar, dejé de salir a cenar con amigos y suprimí todo tipo de compras innecesarias.

—Como primer paso para tener más dinero y como acciones temporales, considero correcto reducir gastos y poder ahorrar algo extra a final de mes. Ahora bien, siguiendo este camino de sacrificio y poco goce serás libre financieramente a los sesenta y cinco años a base de restricciones. Teniendo ahora veintitrés, no creo que sea un buen plan. La vida y el dinero están para disfrutarlos.

—Entiendo, pero con el alquiler de habitación, la comida, el transporte y demás gastos personales, no puedo ahorrar más de cuatrocientos euros con un sueldo de mil doscientos —le justifiqué.

—Yo no digo que tengas que recortar más. Eso es pensar en pequeño, Nacho. Tampoco te estoy diciendo que ahorres más dinero de esos mil doscientos euros que ganas, sino que pienses más a lo grande y en el largo plazo.

—Tengo que buscar otros trabajos que me paguen más, pero el mundo del periodismo está compli...

—Mira, es muy sencillo: para poder ahorrar una buena cantidad de dinero de forma mensual, necesitas ingresar una buena cantidad de dinero. Y si tu trabajo o tu sector no te lo da, tendrás que crearte otras fuentes de ingresos.

Valentina tenía razón. Me había pasado los últimos meses antes del viaje a Bali contando minuciosamente el dinero, juntando céntimos para ahorrar algo extra a final de mes y malviviendo.

Un error muy típico que cometemos las personas que nos obsesionamos con el ahorro es que, por momentos y con el objetivo de ahorrar cincuenta euros más al mes, el esfuerzo que realizamos no compensa el poco diferencial que queda de beneficio.

Si la calidad de vida se ve resentida por un sacrificio excesivo y un beneficio insignificante, es tiempo de cambiar de mentalidad y comenzar la «Operación Valentina».

Buscar nuevas fuentes de ingresos y aumentar tu facturación debería ser el siguiente objetivo en tu camino para alcanzar la verdadera riqueza.

Como conclusión, reducir gastos es una parte crucial del camino hacia la riqueza, pero aumentar ingresos es el póquer de ases. Como dice Nudista Investor, «la contención del gasto tiene límites; la expansión de los ingresos, no».

Por cierto, en el momento en que escribo este libro, no tengo contacto con ella, por lo que no sé si aún mantendrá sus negocios o no. Independientemente de esto, tengo la certeza absoluta de que sigue viviendo la verdadera riqueza debido a su mentalidad.

De consumidor a productor

Tu misión es aportar más valor a las personas que necesitan tus productos o servicios para generar nuevas fuentes de ingresos y más dinero cada mes. Reconfigurar tu mente para acortar el tiempo de llegada a la verdadera riqueza es el fin.

El objetivo es pasar de tener una mentalidad de consumidor a una de generador, como lo explica MJ DeMarco en su libro *La vía rápida del millonario.* Ser productor de nuevas fuentes de ingresos, armar negocios, que te suban el salario o aumentar tu cartera de clientes debe ser una prioridad en este punto.

La ecuación es muy simple: consumir nos quita dinero y producir nos lo da. Se trata de realizar un cambio radical del enfoque en el que hemos sido criados. Gastamos por muchas vías y la gran mayoría ingresa solo por una. Demasiada fragilidad para los tiempos que corren.

Tercer objetivo:
Busca nuevas fuentes de ingresos

El objetivo de este tercer paso es activar la «Operación Valentina», que consiste en conseguir, como mínimo, 250 euros mensuales extra.

A quien le parezcan pocos 250 euros, que ponga la cifra más acorde con su situación actual: pueden ser 500 euros, 1.000 euros, 2.000 euros o lo que considere.

Al que 250 euros le parezcan mucho dinero, necesita con urgencia leer los siguientes pasos del camino, ya que todavía no tiene la mentalidad adecuada.

Recuerda que tú tienes que ponerte tus números y crearte tu plan como si fuera un traje a medida. Tu vida, tus normas.

Problema + Solución = Dinero

Nunca en la historia de la humanidad ha sido tan fácil hacer dinero. Nunca.

Internet nos permite investigar e introducirnos en diferentes sectores con unos pocos clics. Es posible acceder a contenido de calidad de forma gratuita y estar en contacto directo con referentes y mentores gracias a las redes sociales. Esto, para quien lo sabe aprovechar, es una ventaja que te puede dar muchísimo dinero.

Una vez que dejas de pensar en malgastar dinero y empiezas a programar tu mente para generar, estás dando los primeros pasos para abandonar la fase de supervivencia y adentrarte en la segunda, la de aprendiz.

En la actualidad, sigo sorprendiéndome con la enorme cantidad de personas que dicen que no hay trabajo. Es mentira.

Un simple paseo con los ojos abiertos por cualquier ciudad basta para ver cien oportunidades de negocio. Una charla con un jubilado en un bar preguntándole por sus problemas cotidianos permitiría detectar otras cien. Y una conversación con un pequeño emprendedor o trabajador, otras tantas. Son infinitas.

Las oportunidades de negocio están por todas partes, pero debes buscarlas con la mentalidad adecuada, de lo contrario jamás podrás verlas. La respuesta para ganar más dinero es simple: si solucionas problemas de la gente, recibirás más dinero. Cuantas más personas ayudes, mayor será tu cuenta corriente.

La ecuación es simple: detecta un problema, aporta una solución eficaz y tus bolsillos tendrán más dinero.

De esta manera es como tu mente va entrenándose para pasar de gastar a ganar, de consumir a facturar, de tener actitud de pobre a mentalidad de riqueza, aportando soluciones eficaces a problemas cotidianos.

La intersección de ideas, fuente inagotable de dinero

La creatividad no nace únicamente de pensar, también surge cuando se toman decisiones, se pasa a la acción y se ejecutan. Pensar y fantasear con una buena idea de negocio es el comienzo, pero luego el hecho de ponerla en práctica, construirla, sacarla al mercado, conseguir que funcione y venderla será lo que de verdad evalúe nuestra creatividad y nuestra manera de hacer negocios.

De este modo, habrás sido creativo actuando y no solo pensando. Las conversaciones con otras personas, la lectura, formaciones adecuadas o un alto grado de curiosidad agudizarán el ingenio y harán florecer una mayor creatividad.

Sin ir más lejos, te pondré un ejemplo propio. Este libro surge de conectar ideas, de mezclar dos temas aparentemente inconexos pero que domino y me apasionan: el comportamiento humano a través del eneagrama y las finanzas personales. Nunca nadie había enlazado de manera tan precisa esta herramienta de autoconocimiento con los comportamientos humanos con el dinero.

Sin embargo, gracias a la unión de dos campos que me apasionan surgió una idea de negocio que vendo tanto como producto físico (libro), como digital (curso) y como servicio (formaciones, conferencias, etcétera).

De hecho, el libro que tienes en tus manos es una nueva fuente de ingresos. Lo he escrito una vez y me dará dinero de manera recurrente.

¿Cuánto? No lo sé.

¿Durante cuánto tiempo? Tampoco.

Pero es una semilla más que he plantado y que posiblemente me genere ingresos año tras año.

Además, de este cruce de ideas no solo nace un libro, sino también una serie de servicios derivados como consultorías, mentorías, conferencias, formaciones, etcétera.

Este es un mero ejemplo que explico para que te des cuenta de que tú también puedes empezar a generar más dinero con temas que te gusten, sean de tu interés y domines.

La intersección de conocimientos de áreas que parecen lejos de estar conectadas puede ser una fuente inagotable de dinero. Debido a su diferenciación, innovación y creatividad, estas nuevas ideas pueden desmarcarse con originalidad de lo visto y revisto tantas veces en tu industria.

No sé tú, pero a mí estas ideas no me surgen por inspiración divina. Nacen de estar investigando, leyendo sobre temas que nada tienen que ver con mis especialidades, formándome en áreas muy concretas, de juntarme con expertos en otros sectores, de observar de manera diferente, de escuchar con curiosidad y de pensar desde otra perspectiva.

Ahora bien, no todo vale. Crear zapatos de bebé mientras eres abogado y juntar ambos sectores, a priori, no tiene mucho sentido. Pero, si eres coach y, por otro lado, te encanta escribir, podrías formarte como *copywriter* y especializarte en escritura persuasiva para terapeutas.

Además, hoy en día una simple profesión no suele bastar para destacar y diferenciarnos de la competencia. Coaches hay millones, cada día más. Si eres coach a secas, eres del montón, ya que tu área la dominan millones de personas. Y ser uno del montón significa que probablemente tendrás problemas de facturación.

Pero lo interesante es lo siguiente: personas que dominen dos sectores como el coaching y el *copywriting* hay muchas menos. Y si a eso le sumas una tercera intersección, como pudieran ser las finanzas personales, por ejemplo, estarías haciendo que tu perfil resulte todavía más difícil de encontrar.

Al haber pocas personas que dominen los tres campos, tendrás menos competencia, aportarás mayor valor, podrás subir tarifas y, por lo tanto, generarás mejores oportunidades de negocio. Como consecuencia, tu cuenta bancaria irá engordando.

En ocasiones, cuanto más separadas estén las ideas entre sí, más originales serán las oportunidades de negocio que extraigas al mezclar los campos. Crearás un nicho específico y esto te repercutirá en mayores ganancias cada mes.

Como dice el empresario e inversor Naval Ravikant en su libro *El almanaque*: «Generar dinero no es algo que haces, es una habilidad que aprendes».

DEJANDO ATRÁS EL PRIMER MODO...

Almohada financiera: La energía del eneatipo Uno en el primer paso nos ayuda a establecer un orden, a crear un plan a largo plazo. Nos invita a tomar el control de nuestras vidas para poder entender y dominar el juego del dinero.

***Follow the money*:** La energía del eneatipo Dos con sus gastos nos llama a equilibrarnos y a llevar una buena gestión del dinero que entra y sale de nuestras cuentas corrientes. En lugar de gastar para los demás o en aparentar hacia terceras personas, llega el momento de reajustar gastos y mirar por nuestros propios intereses.

Multiplica ingresos: Gracias a la energía y los talentos del eneatipo Tres, podemos empezar a facturar, generar y ganar más dinero. Ponernos metas, objetivos, e ir a por ellos forma parte del crecimiento económico personal. Aprovechar estas cualidades hace que peguemos un salto de calidad para poder pasar a la etapa intermedia.

4

Segunda etapa: modo reseteo

En la segunda etapa, empiezas a despertar tu curiosidad, fomentas las ganas de aprender y de formarte. Moldeas una mentalidad adecuada con la vista puesta en el largo plazo y construyes el puente entre la escasez y la abundancia.

Gracias a la introspección y la intuición del eneatipo Cuatro, la ligereza y la independencia con las que le gusta vivir al eneatipo Cinco, y la prudencia y la seguridad con las que se mueve el eneatipo Seis con el dinero, verás cómo estos comportamientos te ayudan a estabilizar y catapultar tu situación financiera.

Es un momento crucial para redefinir tus valores y creencias, el dinero que necesitas para llevar a cabo tu estilo de vida ideal y conquistar la verdadera riqueza. Empieza a emerger dentro de ti el deseo de dar un significado más amplio al dinero y a la forma en la que te relacionas con él.

PASO CUATRO: LA RIQUEZA EMPIEZA POR DENTRO

El largo plazo, caballo ganador

En esta fase del camino, ya has ido descubriendo cómo te relacionas con el dinero y has dejado atrás el modo supervivencia. Este es el primer paso de la nueva era, por lo tanto, es crucial reconsiderar unos conceptos importantes para obtener mejores resultados con el dinero y detectar otros que nos llevan por el mal camino.

Uno de ellos es el causante de grandes problemas económicos de la actualidad: pensar en el corto plazo. No solo en personas individuales, sino también en familias, gobiernos y corporaciones.

Empresas que buscan máximos rendimientos en tiempo récord sin importarles la huella medioambiental son un ejemplo de ello. Familias que optan por comprarse una vivienda a un precio desorbitado y muy por encima de sus posibilidades, otro. Políticos que toman decisiones que perjudican a millones de personas, pero benefician su poder e influencia es otro ejemplo de una manera de hacer y pensar en el corto plazo.

Priorizamos el presente, descuidando el futuro y tomando decisiones que, a priori, son beneficiosas para el momento actual, pero pueden tener consecuencias graves a nivel personal en años venideros. Como dice el empresario y filántropo multimillonario Bill Gates, «la mayoría de las personas sobreestiman lo que pueden hacer en un año y subestiman lo que pueden hacer en diez años».

En 1972, el psicólogo austriaco Walter Mischel realizó un experimento en el que niños de entre cuatro y seis años, que permanecían solos y sin distracciones en una habitación, recibían una golosina. La única premisa que indicaron a cada uno de los niños fue que, si eran capaces de esperar quince minutos para comer esa golosina, en lugar de una obtendrían dos. Es decir, el niño tenía que escoger si se decantaba por el consumo inmediato o por la «inversión».

De todos los niños que participaron en el experimento, solo uno de cada tres escogió esperar y recoger los beneficios. Mischel realizó un seguimiento a todos los niños del experimento durante décadas y demostró que los niños capaces de invertir, esperar y aplazar las recompensas tenían más éxito profesional, económico y mejor salud que los otros dos tercios.

Además, el estudio indicó que los niños más impulsivos tenían menos tolerancia a la frustración, una autoestima más baja, menos logros profesionales y eran más propensos a la obesidad que los otros.

El mensaje es claro: la paciencia, el control y la capacidad de retrasar la gratificación reportan mejores resultados de vida con el paso del tiempo.

El cortoplacismo está detrás de muchos errores económicos. Con el objetivo de conquistar la verdadera riqueza, que, simplificando, consiste en ser dueños de nuestro tiempo para decidir qué hacemos con él, es imprescindible tener los pies en el suelo, actuar en el presente pero teniendo la visión en el futuro (también). De esta manera, podremos tomar decisiones más inteligentes que nos acerquen a lograr los objetivos que deseamos.

Es decir, el ingrediente clave en las personas de éxito es la capacidad para proyectarse hacia el futuro en la dirección adecuada con la premisa de pasar a la acción en el presente.

Las varitas mágicas no existen

Si has comprado este libro para hacerte rico de la noche a la mañana o con el objetivo de encontrar atajos mágicos que te traigan billetes, lamento decirte que el dinero fácil y rápido no existe. La idea de hacerse millonario es potente y seductora.

Ahora bien, muchos de los personajes que prometen hacerse rico con rapidez y facilidad son los que ganan mucho dinero vendiendo esos cursos, libros o formaciones sobre cómo hacerse rico de manera fácil, rápida y sin riesgo. Apestan a humo.

Pero, sin lugar a duda, otro de los problemas que existen en la actualidad es la cantidad de estafas que circulan por internet. Son una de las grandes amenazas de los ignorantes financieros, como lo fui yo en su momento.

«Ignorancia» no es falta de inteligencia, es falta de información. «Ignorar» significa creer que se sabe, cuando en realidad no se sabe. Y esto, en finanzas, nos puede costar muy caro. Te hablaré de cómo prevenir estafas más adelante, cuando ya estemos decididos a invertir y con la mentalidad adecuada.

Lo que debes saber en este momento es que el dinero fácil y sin riesgo no está dentro de una ecuación realista para conquistar la verdadera riqueza. El camino consiste en formarte, educarte y ver cómo puedes mantener una relación sana con el dinero. Incluso saber cómo este puede trabajar para ti y revalorizarlo, pero siempre cumpliendo la regla número uno que aplico en mi vida: dormir tranquilo por las noches.

Intentar correr antes de saber caminar puede ocasionarte golpes y caídas con consecuencias catastróficas a nivel personal, familiar, de salud o económicas.

Creencias en Vietnam

Mucho se ha hablado en el mundo de la educación financiera sobre las creencias y pensamientos típicos que inundan la cabeza de la mayoría de las personas (que no tienen dinero): «los ricos son malos», «el dinero no es importante», «mejor pobre pero honrado», «yo no soy bueno manejando dinero», etcétera.

Estas creencias surgen por lo que hemos escuchado a lo largo de nuestra vida, por lo que hemos visto, por el entorno sociocultural en el que hemos nacido y también por nuestra propia experiencia. Este cóctel hace que tú tengas una manera determinada de ver el dinero.

Las cuatro creencias de arriba y varias más las hice propias. Sentía que me pertenecían y compré cada una de ellas. Eran una realidad para mí, y desde ahí operaba.

Años atrás, durante un viaje por Vietnam, me crucé con Miren. Hoy seguimos siendo amigos y mantenemos el contacto.

Ella es del País Vasco, tiene un poder adquisitivo alto y cuando nos conocimos me doblaba la edad. Nuestro primer encuentro fue a bordo de una barca de madera para cuatro personas en el delta del Mekong con una bandeja de rambután, la fruta típica vietnamita, en la mano.

Al cabo de un rato de conocernos, y mientras nos contábamos cada uno nuestras aventuras de vida, comenzamos a hablar de dinero. A Miren le bastaron poco más de unas palabras mías para darse cuenta de que hablábamos lenguajes opuestos y teníamos mentalidades antagónicas.

Yo era un chico con escasos recursos económicos que justificaba sus males financieros culpando a los ricos, los empresarios y los políticos.

Ella, una mujer empoderada y adinerada, empatizaba conmigo, pero no compartía en absoluto mi forma de pensar. Sin embargo, la mentalidad que yo tenía en ese entonces ella también la había experimentado años atrás, por lo que le resultó fácil comprender el punto en el que me encontraba.

Le comentaba que era imposible ganar más dinero que la media porque los empresarios ricos explotaban a los trabajadores, que el dinero era escaso, que para facturar una cifra alta había que realizar actividades fuera de la ley… y una cantidad absurda de creencias y mentiras que solo me mantenían en un lugar: la pobreza, el victimismo y la queja.

Miren, que me miraba y escuchaba fijamente, me dejó terminar de hablar y me dijo:

—La mejor manera de cambiar tus creencias sobre el dinero es consiguiendo dinero. Cuando logras aquello que crees que no puedes lograr, cambiarás tu forma de relacionarte con ello. Si los resultados llegan, las creencias suelen cambiar de la mano con la consecución de tu logro.

—Sí, pero...

—No hay peros que valgan. Si tus creencias sobre el dinero te impiden tener ahorros, debes trabajar para tener ahorros. Si tu percepción de la realidad te dice que no puedes generar más dinero, traslódate a otras realidades. Rodéate de personas que ya tengan dinero, que piensen de otra manera. Ve con humildad ante ellos y diles que te enseñen, que quieres salir de la rueda donde estás. Las creencias son flexibles, tienes que conseguir un nuevo *mindset,* una nueva forma de pensar.

—...

—Cuando das el paso de una mentalidad de «es imposible» a una de «es posible» se abre una cantidad enorme de posibilidades. Y ese cambio llega con la acción. La diferencia en el comportamiento de una persona comienza cuando tiene la mentalidad adecuada. Si te resistes a cambiar, será imposible que consigas mejorar personal, profesional y económicamente. Una persona que está dispuesta a aprender tiene mayores posibilidades de éxito en diversos ámbitos de su vida. No puedes tener riqueza si no tienes una buena relación con el dinero ni la mentalidad adecuada. La verdadera riqueza empieza por dentro.

Ese fue un momento de inflexión en mi vida. Recuerdo que no tenía ni idea de cómo lo haría, pero me prometí a mí mismo que me formaría, cambiaría mi mentalidad y ahorraría el dinero suficiente para empezar a mejorar mi vida.

Al cabo de un año y medio, logré los objetivos económicos que me había marcado a medio plazo, pero de esto hablaremos más adelante, concretamente en el paso número siete.

Reconfigurando conceptos

Un problema que encontramos a la hora de hablar sobre el dinero es que las emociones, creencias y experiencias distorsionan por completo la definición real del dinero. De hecho, es una de las palabras que más emociones genera.

Para unos es algo bonito, útil y maravilloso. Para otros, una maldición, sucio y tabú. Algunos lo ven como algo por lo que luchar a diario, y otros, una consecuencia del valor que aportan al mundo.

Sin embargo, la experiencia me dice que para tener una buena relación con el dinero es primordial dejar a un lado las emociones y bajar a la tierra el concepto de una forma lo más neutra y objetiva posible.

¿Por qué? Simple: cuantas más emociones, creencias y experiencias asignes al dinero, peores decisiones tomarás, más alejado de él estarás y mayor será la distorsión del concepto.

De hecho, hay una tendencia a decir que el dinero es «energía» y que hay que fluir con ella para atraerlo. Bien, pero esto se queda en una definición abstracta y carente de sentido, porque ¿qué no es energía? Si atendemos a lo que es la física, todo es energía. El amor, el agua, el sol... todo.

Al dinero, como a todo, hay que llamarlo por lo que es. Encontrar a consciencia un término más funcional y sin florituras será útil en nuestra relación con él. Para mí el dinero es un medio de intercambio de productos, tiempo o servicios. Fin.

Yo pienso en dinero y veo billetes, monedas, números o cifras. No veo energía, viajes, libertad, una isla paradisiaca, familias numerosas o una casa con jardín y piscina. Eso es lo que uno podría llegar a hacer con el dinero, pero no es el dinero en sí. Por eso insisto en que cuanto más realista, neutra y clara sea nuestra concepción del dinero, mejores decisiones tomaremos con él y sobre él.

Desde que he simplificado la definición de dinero y me he limpiado las creencias, ya no estoy centrado en buscar dinero como un obseso. Después de años de malas decisiones, enfoques erróneos y aprendizajes forzados, he comprendido que el dinero es la consecuencia del impacto y el valor que aporto a las personas.

Cuanto mayor sea el número de personas a las que impacto y mayor valor aporte, mejores resultados económicos cosecharé. En estos momentos de mi vida, no me centro en buscar dinero como fin, sino que me centro en mejorar mis productos, servicios y formaciones porque sé que, si esto funciona, el dinero llega como resultado del trabajo bien hecho.

Si te concentras en mejorar como persona, como profesional y como ser humano, estás «condenado» a la abundancia. La vida premia a las personas útiles y con voluntad de aportar valor al mundo.

De ahí que este capítulo se llame «La riqueza empieza por dentro», porque redefinir conceptos, limpiar creencias y evolucionar en todos los ámbitos de tu vida que consideres importantes hará que conectes de forma auténtica con la verdadera riqueza.

Si te obsesionas con el dinero y te mueves desde el «quiero» o «necesito», más distancia estarás poniendo con eso que intentas atraer. He visto a numerosas personas en mis formaciones que quieren dinero para encontrar tranquilidad mental y no se dan cuenta de que la fórmula es al revés. La tranquilidad mental es la base para empezar a generar dinero. **Lo que crees que es la meta en realidad es la casilla de salida.**

Al igual que el dinero, redefinir otros conceptos clave puede orientarte mejor en tu vida y llevarte a tomar mejores decisiones, cargadas de criterio propio y coherentes con tus valores y tu forma de ver la vida.

Cuarto objetivo: Hackea tu mente

El objetivo de este cuarto paso es redefinir lo que para ti (y solo para ti) es...

- Dinero
- Éxito
- Riqueza
- Inversión

La verdadera riqueza se consigue sembrando buenas ideas y cosechando resultados acordes con la semilla que hemos plantado en nuestra mente.

PASO CINCO: ¡ADIÓS, DEUDAS!

Esclavitud de 8.000 euros

Era junio de 2021, acababa de impartir una formación en un céntrico hotel de Barcelona y, nada más salir de la recepción, en plena avenida Diagonal, oigo una voz ronca y grave que me grita efusivamente:

—¡Nacho! ¡Nachooo!

Me giro y veo a Rubén, un hombre de pelo moreno bien peinado hacia el costado, barba de una semana y unos cuarenta años. Éramos compañeros y muy amigos del club de tenis, al que habíamos ido desde jóvenes. Formábamos parte del equipo de competición, y hacía unos cinco años que lo había visto por última vez.

Nos quedamos charlando amistosamente y decidimos ir a cenar para ponernos al día. Entre cervezas y una buena carne argentina, me contó que continuaba trabajando como odontólogo, que se había casado con una dentista con la que compartía clínica y que era padre de dos niñas de cinco y tres años que iban a un colegio internacional en el acomodado barrio de Sarrià, en Barcelona. También me explicó que se habían comprado una casa en las afueras de la ciudad y que además se habían dado el capricho de adquirir una segunda residencia en la Costa Brava, ya que era el sueño de Rubén de toda la vida.

Él, un tipo muy cercano, amable y sin ánimo de fardar, explicaba sus idas y venidas mientras apoyaba el llavero de su Audi en la mesa, miraba la hora en su Tag Heuer de varios miles de euros y ponía en silencio su iPhone recién estrenado.

—Tengo todo lo que soñé en mi vida a nivel material. Pero, si te soy sincero, por momentos me siento agobiado y agotado.

Sus jornadas laborales eran maratonianas. Salía de casa a las ocho de la mañana y no llegaba hasta las nueve de la noche. Mientras me explicaba su estilo de vida, comencé a hacer números mentales de la cantidad de gastos fijos mensuales que podría llegar a tener esta pareja, pero, en lugar de elucubrar, decidí preguntar.

—Rubén, en confianza…, ¿cómo llevas el hecho de tener que trabajar tantas horas para sostener este castillo de naipes de vida que te has montado?

—Bueno, es lo que hay, Nacho. Cuando te conviertes en adulto, es lo que tiene —me contestó, mirando hacia abajo y encogiéndose de hombros.

No quise entrar a rebatirle y desmontarle ese argumento simplista y victimista de «Es lo que tiene», pero sí que le hice una pequeña reflexión en torno a que los resultados de hoy eran decisiones que había tomado en el pasado.

Rubén, al cabo de una hora, comenzó a darse cuenta de que tenía el estilo de vida que él solito se había construido. Y me confesó que vivían ahogados pese a estar ganando una media de 8.000 euros netos mensuales entre los dos.

Empezó a detallarme los gastos.

Se habían comprado una casa con jardín y piscina en las afueras de Barcelona, en la zona de moda. No tenían todo el dinero para comprarla al contado, por lo que firmaron una hipoteca de 500.000 euros y pusieron como entrada todos sus ahorros, casi 200.000 euros. En el momento en que me comentaba los números, le quedaba una hipoteca de 22 años con una cuota de casi 2.000 mensuales.

Además, sus dos niñas iban a un colegio internacional a razón de 2.400 euros mensuales. También tenían dos créditos que superaban los 80.000 de dos Audi que se habían comprado unos meses atrás. Y, por si fuera poco, su capricho fue una segunda residencia en la Costa Brava por la que pagaban 800 euros mensuales por otra hipoteca de casi 200.000.

En resumen, esta familia tenía unas deudas cercanas a los 800.000 euros y unos gastos fijos mensuales que rondaban los 8.000. Pese a tener una entrada de dinero constante elevada, afrontaban unos gastos mensuales astronómicos, lo que les hacía ser unos esclavos del dinero.

Habían cometido un gravísimo error: se habían centrado en mejorar su estatus en lugar de su estilo de vida.

La ostentación, el alarde y la constante quema de billetes para impresionar a terceras personas no solo es un pésimo plan, sino que siempre tiene un coste muy elevado. Ganar 8.000 euros mensuales y hacer malabares para llegar a final de mes es de ser un ignorante financiero.

Vivir por encima de nuestras posibilidades y a base de deudas es una espiral en la que resulta muy fácil entrar, pero complicado salir.

¿La deuda te controla a ti?

Como sociedad, hemos normalizado el hábito de financiar teléfonos, televisores, ordenadores, compras en el supermercado y hasta las vacaciones. En nuestro camino hacia la verdadera riqueza, conviene tener claro que la deuda es una mala compañera de viaje.

> **ATENCIÓN:** En esta primera etapa, no distinguiremos entre lo que algunos autores llaman deuda buena (aquella que pagan otros) o deuda mala (aquella que pagas tú). Vamos a regirnos por una pauta inicial que consiste en estar libre de deudas para vivir con mayor ligereza y sin ataduras.

Con suma facilidad, caemos en la tentación de consumir ahora y pagar más adelante. Desde el típico «Compra ahora y paga en seis, nueve o doce meses», pasando por el «Págalo cómodamente en dieciocho meses sin intereses», hasta el ruin cartel consumista de «Porque tú lo vales».

Hay diferentes peligros a la hora de contraer deudas, pero a continuación te enumero cinco razones por las que vivir lejos de ellas es una opción saludable e inteligente.

1. Te esclavizan: Estar atado mensualmente al pago de una cuota a una tercera persona o entidad te vuelve esclavo del dinero, no te hace libre. Tienes que producir para pagar y trabajas para dar dinero a terceras personas. No hay nada que oprima financieramente más que una deuda.

2. Gastas más y pagas más: No es lo mismo pagar 1.500 euros al contado por un viaje a Bali que doce cómodas cuotas de 150 euros al mes. La última opción parece más tentadora y asequible para todos los bolsillos, pese a que pagas 300 euros más en intereses. El crédito es una manera muy eficiente de engañar a tu cerebro para que gastes más de lo que en realidad necesitas.

Hay una premisa que dice que cuanto más rápido te prestan el dinero, menos requisitos te pidan y más sencillo te lo pongan, más dinero terminarás pagando. No suele fallar, compruébalo tú mismo.

Si no puedes permitirte pagar 1.500 euros al contado para irte de vacaciones a Bali, menos aún deberías irte pagando el viaje a plazos.

Pero aquí nace otro problema, y es que las empresas saben que los humanos somos presas fáciles y proponen que financies tus compras al cero por ciento de interés. Pueden llegar a ofrecerte 100 euros al mes a pagar en quince meses y te vas a Bali. ¿Tentador? A priori, mucho. Y cuando se empieza por este gancho es muy probable que el presupuesto se dispare. El hecho de pagar a plazos y sin intereses suele aumentar con creces el presupuesto inicial.

3. Te restan oportunidades: Contraer deudas procedentes de préstamos al consumo, tarjetas de crédito o microcréditos te priva de experimentar oportunidades de negocio, laborales o de inversión. Saber que tienes que pagar una cuota mensual cada mes te ata y no te deja probar un cambio de trabajo, unos meses sabáticos o frenar para lanzar tu propio negocio.

Las decisiones se vuelven más cortoplacistas y sientes en el cuerpo cierto miedo a no poder afrontar los pagos, hecho que te conecta de forma directa con el modo supervivencia. Las deudas merman las capacidades de progreso y las oportunidades laborales.

4. Te afectan a nivel emocional: En el primer paso, tuvimos una premisa clara: contar con una almohada financiera para, al menos, descansar por la noche. Pues bien, las deudas van en dirección contraria a las bases que necesitamos para vivir con tranquilidad. Estas ocasionan miedo, estrés, ansiedad, insomnio, malhumor y una alteración emocional con consecuencias perjudiciales para la salud.

Además, vivir endeudado puede afectar a nivel personal y relacional. La pareja suele vivir momentos de tensión cuando una deuda se entromete en la relación, ya que el dinero puede ser sinónimo de conflicto. Muchas personas están de acuerdo en que la deuda es sinónimo de infelicidad y amargura.

5. Te desvían del camino: El objetivo es claro: conquistar la verdadera riqueza para poder ser dueños de nuestro tiempo. Si nuestra brújula está bien calibrada, las deudas no forman parte de la ecuación en ningún momento. Son fáciles de contraer, pero muy difíciles de saldar. Suelen ser palos en la rueda, trabas y piedras en el camino a la hora de conseguir lo que deseamos. La deuda, salvo en casos muy concretos, es enemiga a la hora de alcanzar la verdadera riqueza.

Ligeros de equipaje

QUINTO OBJETIVO:
LIBÉRATE DE TUS DEUDAS

Como acabo de comentar, deshacernos de las deudas es crucial en el camino hacia la verdadera riqueza. Puede ser largo, tedioso y sacrificado. Pero, una vez que nos liberemos de ellas, habremos dado un paso de gigante en la conquista de nuestra libertad.

> **ATENCIÓN:** En la consecución de este objetivo no cuenta la hipoteca, ya que la dejaremos como una deuda que estamos asumiendo que no podemos cancelar. Ni nos obsesionaremos en caso de tenerla.

La bola de nieve, el método para salir de deudas

Tratar de salir de deudas puede ser agotador, frustrante y complicado. Sin embargo, hay diferentes maneras de organizarse para saldarlas de forma ordenada y siguiendo un plan. Como siempre comentamos, a nivel financiero cada persona tiene una situación particular y en las finanzas personales no todo es blanco o negro.

Ahora bien, el método «bola de nieve», promovido por el escritor norteamericano y experto en finanzas Dave Ramsey, es una buena opción para dejar atrás las deudas de una manera eficiente.

El sistema propone que lo primero que debe hacerse es cancelar la deuda de menor importe independientemente de cuál sea el interés que tenga. Esto hace que, al cancelarla más rápido que otras debido a que es un importe más pequeño, el factor psicológico y motivacional tenga mayor fuerza. Las deudas van desapareciendo y la luz se va acercando.

Una vez se termina con la primera deuda, se pasa a la siguiente de menor importe. Por eso se le llama bola de nieve, porque va surtiendo un efecto imparable a nivel emocional y a nivel económico.

Dicho sobre el papel, puede parecer simple (en realidad lo es), pero aquí no estamos discutiendo si es más o menos fácil de llevar a cabo. Como ya sabes a estas alturas, tenemos que estar dispuestos y comprometidos a salir de deudas.

Esto quizá implique ajustarnos el cinturón, vivir por debajo de nuestras posibilidades o destinar más tiempo a tareas o acciones que no nos gustan, pero forma parte de los peajes que hay que pagar para conseguir lo que deseamos: libertad.

No es momento para lamentos por malas decisiones del pasado, sino para ser adultos responsables y adoptar una posición financiera más fuerte desde la que afrontar los próximos años de vida.

Una vez que no tenemos deudas y podemos llevar una vida sin derroche, ya es momento de pasar al siguiente nivel, el de la tranquilidad económica. Completado este paso cinco, estamos a mitad de camino hacia la riqueza. Un solo paso te separa de la tercera y última fase.

Visita <https://nachomuhlenberg.com/dinerograma> y verás el método bola de nieve explicado en vídeo y con un ejemplo que te será mucho más fácil de comprender.

PASO SEIS: *GET THE MONEY*

Ahorro con sentido

En pleno siglo XXI, y pese a las dificultades económicas que experimentan la mayoría de las personas, sigue siendo una necesidad recordar la importancia del ahorro.

Dentro de la ecuación para conseguir la verdadera riqueza, está el hecho de que debes tener una capacidad de ahorro importante si quieres ganar libertad y tranquilidad. Aquí ya no hablamos del 10 % de tu salario. Tiene que ser mucho más si queremos ver resultados extraordinarios en nuestra vida.

Existen cientos de libros que abordan el tema del ahorro, también millones de páginas de internet que explican trucos, recetas y recomendaciones. Mi intención no es recordarte que puedes o debes ahorrar un tanto por ciento de lo que ingreses o que realices el preahorro (pagarte a ti primero el día que cobras la nómina en lugar de ahorrar lo que sobre a final de mes). Estos métodos están muy bien, yo considero que son útiles y los aplico en mis finanzas personales, pero muchos de estos consejos y atajos enfocados en el ahorro están mal planteados a nivel estructural, de raíz.

Cuando una persona tiene problemas a la hora de gestionar sus finanzas, el hecho de juntar cupones para ahorrar en el supermercado, aprovechar las ofertas 3×2 o poner la lavadora en una franja horaria donde el gasto sea menor no dejan de ser maniobras cortoplacistas y parches para curar heridas más importantes. Pueden funcionar como soluciones efectivas a corto plazo para conseguir un objetivo en concreto, pero a la larga servirán de poco.

Lo que marcará la diferencia en tu situación financiera es cuando consigas ahorrar cada mes como mínimo un 50 % de lo que generas. Si para tu situación actual resulta muy lejano, entonces debes volver con urgencia al punto tres, a generar más ingresos y a reajustar los gastos (si es que hay margen de maniobra).

Pero ahora, deja que te cuente cómo pasé de tener 0 euros a 6.000 ahorrados en cuestión de ocho meses siguiendo tres pasos fundamentales para alcanzar un objetivo económico.

Ahorro en tres pasos

En 2016, mientras vivía en Costa Rica, decidí que quería realizar un máster presencial en Barcelona con una duración de nueve meses. Costaba casi 5.000 euros, y el hecho de realizarlo significaba mudarme de un país a otro y dejar mi vida entera en Centroamérica para volver a Europa. También tenía que reestructurar la empresa, el modelo de negocio, vender el coche, dejar la casa, liquidar todas las cosas del hogar y empezar de cero una vez más.

Pese a que podía pagarme la formación con el dinero que tenía en mi cuenta corriente, decidí generar un plan de ahorro para poder cumplir mi objetivo. Me compré un sobre en blanco, le escribí con rotulador negro «Máster Nacho» y me propuse llenarlo en ocho meses con 6.000 euros sin tocar mi cuenta corriente, lo que me permitiría pagarme el pasaje de vuelta a Barcelona y el máster al completo.

¿Cómo lo hice? Te explico los tres pasos claves que hay que seguir para lograr un objetivo de ahorro.

1. Una llama por dentro: Tener un deseo ardiente de conseguir un objetivo en concreto incentiva el ahorro. El máster se volvió mi obsesión, era la formación que necesitaba para mejorar mi vida a nivel personal y emocional. Además, sabía que me iba a dar un *upgrade* a nivel profesional y económico. Y así fue, por cierto.

Debes saber que el primer paso para ahorrar, aunque suene obvio, es estar dispuesto a ahorrar ante todas las cosas. Estar comprometido a hacerlo. Ahorrar significa que, en lugar de gastar ese dinero en algo que pueda hacerte ilusión, lo guardas. En vez de irte a cenar fuera todos los días, cocinas en casa.

Es imposible aumentar la capacidad de ahorro si no estás comprometido a realizar un mínimo de esfuerzo por mejorar tu vida en el medio o largo plazo.

El ser humano tiende a menospreciar el futuro respecto al presente. Solemos tener una preferencia temporal por el ahora antes que por el futuro, y esto suele acarrear consecuencias financieras negativas.

Mucha gente compra un coche más caro del que puede permitirse en lugar de uno funcional y ajustado a su presupuesto. Lo mismo pasa con las casas, las vacaciones y el estilo de vida diario. La gran mayoría de las personas no están dispuestas a sacrificarse ni a retrasar la gratificación. Lo quieren ahora, ya y rápido.

El ahorro trata de que, pese a que no le guste a tu yo actual, trabajes tu fuerza de voluntad y la capacidad de visualizar un futuro que ganará con creces al presente. Y en esta ecuación no estoy haciendo una oda al malvivir, a cortar de raíz con todo aquello que nos guste, nos haga felices y nos dé placer. No, ni mucho menos.

La invitación es a encontrar un sano equilibrio entre lo que se ingresa, lo que se gasta, el estilo de vida que te gusta y las decisiones que resultan más inteligentes en el momento actual, pero siempre teniendo en cuenta a tu yo del futuro.

Plantéate la pregunta de si aquello que estás a punto de hacer te acerca o te aleja de los objetivos de vida. El ahorro compra libertad, tranquilidad y mantiene opciones abiertas en tiempos de incertidumbre. El ahorro ofrece una ventaja infravalorada: te permite equivocarte y explorar.

Me da igual que no te guste ahorrar, que nunca lo hayas hecho o no tengas el hábito, debes hacerlo si realmente tienes el deseo ardiente de conseguir la verdadera riqueza.

2. Relativiza lo que necesitas: Ya hemos visto en el paso dos que parte del secreto es el control de gastos, hacer matemáticas con sentido común. Si ganas 2.500 euros no puedes gastar 3.000 euros al mes. Debes gastar menos. Simple y sencillo.

Sin embargo, la mayoría de las personas siguen viviendo endeudadas, por encima de sus posibilidades y priorizando el estatus frente a la salud financiera. El gran reto es aprender a vivir de forma más austera sin llegar a vivir en el «lonchafinismo». Este es un concepto que lleva más de una década en la jerga financiera y hace referencia a personas que se preparan el bocadillo con lonchas finísimas de embutido y queso para así ahorrar y estirar al máximo el número de meriendas.

Describe en tono de broma un tipo de ahorro llevado al extremo y bastante extendido en el mundo entero por ahorradores empedernidos. Sin embargo, y paradójicamente, el hecho de poner lonchas finísimas no deja de ser un engaño, ya que suceden dos cosas: o se come menos embutido o se ponen más lonchas para comer lo mismo. Por eso el término «lonchafinista» retrata a la perfección un tipo de vida en el que los sacrificios para ahorrar son altos porque puedes llegar a pasar hambre con tal de tener más dinero.

Una cosa es vivir por debajo de tus posibilidades con consciencia y otra es ser cutre. Aquí vamos por la primera vía, la segunda no está en nuestro camino ni vale la pena. Ir a un hotel y llevarte el jabón para ahorrar un euro es de ser cutre, no es vivir por debajo de tus posibilidades.

En 2019, justo un año antes de que naciera nuestro primer hijo, Bruno, mi pareja y yo decidimos comprarnos un coche de segunda mano. Durante el embarazo, vivíamos en el centro de Barcelona y no necesitábamos el coche, ya que cada uno tenía su moto. Sin embargo, nos mudamos a las afueras y, sabiendo que vendría un bebé, al año siguiente decidimos adquirirlo.

Nuestra situación financiera era muy correcta. Podríamos haber ido a cualquier concesionario y habernos comprado cualquier coche nuevo. Sin embargo, gastarnos 40.000 euros en un vehículo nuevo pagado a plazos no era nuestra opción. Terminamos comprando uno de segunda mano del año 2010, con apenas 45.000 kilómetros, por 8.000 euros.

Nuestra prioridad no fue aumentar nuestro estatus, ni alimentar el ego para aparentar frente a nuestros vecinos, compañeros de profesión o amigos. Nuestro objetivo fue mejorar nuestra calidad de vida con un vehículo que fuera funcional y estuviera acorde a nuestro plan. Y de esta manera continuar libres de deudas, con ahorros altos, sin la necesidad imperiosa de facturar más dinero y sin perder opcionalidad, algo de lo que te hablaré en el próximo capítulo.

Nos centramos en pagar al contado y no contratar un préstamo, y el dinero que nos ahorramos a la hora de comprar un coche nuevo decidimos invertirlo en su momento en Bitcoin y criptomonedas. Hoy estamos agradecidos por la decisión que tomamos.

3. Sistematiza: Si tengo un objetivo en mente (en este caso conseguir 6.000 euros en ocho meses), debo contar con un sistema que me permita lograr lo que deseo. Soy un fiel defensor de tener hábitos o acciones recurrentes que nos faciliten el proceso del ahorro (o inversiones, como veremos más adelante).

Los propósitos y objetivos se consiguen gracias a diseñar unas normas y repetirlas. Si pueden ser en piloto automático, mejor que mejor. Cuando eres capaz de repetir suficientes veces algo extremadamente sencillo, el hábito se fija y los objetivos llegan al cabo de un tiempo.

En mi caso, a la hora de conseguir los 6.000 euros en ocho meses, me propuse ir el primer día de cada mes al cajero automático y sacar 750 euros en efectivo. Lo hacía cada día uno independientemente de cómo estuviera mi cuenta bancaria, lloviera, tronara o me encontrara en una isla de Panamá, en Costa Rica o en Miami.

Era una recompensa personal, pero a la vez mi cabeza también lo procesaba como un gasto fijo. Me tenía que pagar a mí mismo y guardarlo. Fue mi manera de crear una máquina engrasada de ahorro y recolección que en ocho meses me permitió lograr el objetivo de tener 6.000 euros.

En cuanto agregas un sistema a tu objetivo, la consecución de la meta se vuelve más accesible. En la actualidad, gracias a la tecnología, podemos incorporar sistemas de ahorro automatizados, cuantificables y que no requieren nuestra fuerza de voluntad para llevarse a cabo.

Si te fijas cualquier tipo de objetivo financiero, debes poner en marcha un sistema que te lleve a él. De lo contrario, las posibilidades de caer por el camino se incrementan.

Colchón económico

Estás en un punto en el que tienes una almohada financiera de 3.000 euros, controlas todos los gastos e ingresos y también ya estás generando o buscando nuevas formas de generar más dinero.

Además, te has liberado de las deudas y sientes la ligereza de vivir sin ellas. Por si fuera poco, tus gastos mensuales no te ahogan, sino que tienes margen para ahorrar y tus necesidades han ido mermando. Eres consciente de que no necesitas tanto para ser feliz. Tu vida ha mejorado de manera sustancial.

Ahora bien, para acabar esta segunda fase y pasar a la tercera, la de la expansión, será necesario realizar un movimiento que te permita dormir cómodo, relajado y con un sueño profundo. Es momento de multiplicar los 3.000 euros iniciales y aumentar el colchón de tranquilidad.

Sexto objetivo:
Aumenta tu colchón, duerme tranquilo

De sobra conocido es el objetivo de tener una cantidad de dinero que te permita afrontar diferentes imprevistos y disponer de unos meses de tranquilidad económica en caso de que fallen nóminas, ingresos o vengan épocas de guerrilla.

Sin embargo, el colchón económico no solo es importante para los imprevistos negativos. Esta cantidad de dinero puede ponernos en una situación ventajosa frente a otros sueños, metas u objetivos que nos den felicidad.

Cumplir un sueño

El ahorro te permitirá realizar aquello que siempre deseaste. Y esto puede ser irte de viaje a Nueva Zelanda, casarte en las Bahamas, comprarte una moto nueva, una caravana o pagarle una universidad privada a tu hijo. Es indiferente el deseo que tengas, el hecho de tener ahorros te permite llevarlo a cabo.

Tomarte un año sabático

En los países nórdicos es frecuente que los alumnos que terminan el bachillerato dediquen un año a viajar por el mundo y conocerse mejor a sí mismos.

Sin embargo, este año sabático cada vez está más extendido entre los adultos. Empleados, jefes y trabajadores autónomos deciden aparcar su vida tradicional durante unos meses o incluso años para dedicarse a otras cosas fuera de horarios rígidos, rutinas marcadas y objetivos concretos.

Formarte

El ahorro también permite una ventana de exploración en el ámbito académico. Destinar dinero a formarte profesionalmente o contratar a un mentor para que te ayude a progresar es una manera de invertir para seguir creciendo como persona y, también, en el plano laboral.

Comprarte una vivienda

La mayoría de las personas sueñan con tener una vivienda en propiedad en la que poder pasar con tranquilidad el resto de su vida. De hecho, la inversión inmobiliaria es una de las prácticas más extendidas en España.

Para poder acceder a una vivienda, es imprescindible disponer de un colchón financiero que permita hacer frente a los costos de entradas e impuestos asociados a la adquisición del hogar.

Emprender

Cada vez son más las personas que deciden trabajar por cuenta propia, ya que nunca en la historia de la humanidad aportar tanto con tan pocos recursos había sido tan fácil y accesible. La información se ha democratizado, y los negocios no entienden de barreras, idiomas, pagos ni franjas horarias.

Ahora bien, para emprender necesitas dinero. Un negocio rentable no se construye de la noche a la mañana, por lo que es necesario contar con un colchón financiero que te permita invertir en tu negocio y hacer frente a tus gastos diarios mientras no ingresas por otro lado (si es el caso).

Cambiar de trabajo

Otra opción que permite el hecho de tener ahorros es cambiar tu situación laboral actual. Si no estás a gusto en tu puesto de trabajo (una situación bastante frecuente), el dinero te permitirá moverte con astucia y tranquilidad entre ofertas más atractivas.

El hecho de no estar a uno, dos o tres meses de la quiebra financiera hace que no tengas que tomar decisiones de forma desesperada y puedas escoger con sabiduría cuál es la mejor opción para tu vida.

Cambiar de país o ciudad

Todo cambio de país o ciudad requiere un desembolso inicial (por lo general importante) para pagar el piso nuevo, la casa nueva, contratar servicios, papeleo, burocracia, traslados, etcétera. Los ahorros te permitirán solventar con tranquilidad estos gastos y cumplir el sueño u objetivo de vivir en un lugar diferente.

Asegurar tu jubilación

Dejar tu futuro económico en manos de unos sistemas públicos en quiebra no me parece una decisión inteligente, sino demasiado arriesgada. Es preciso tener unos ahorros para complementar las pensiones, por ejemplo. Hay especialistas que dicen que no son sostenibles a largo plazo y que muchos ni siquiera tendremos. El futuro no lo conoce nadie, pero es osado dejar en manos de terceros nuestras propias finanzas. Yo de los políticos y los Estados no me fío un pelo, por lo tanto, prefiero ahorrar y hacerme cargo de mi propia jubilación.

¿De cuánto dinero tiene que ser mi colchón?

Ha llegado el momento de acrecentar tu cuenta bancaria y hacer mullido tu respaldo financiero. Esto es un paso de gigante a la hora de ser dueño de tu vida. Saber que tienes el dinero suficiente para estar meses sin ingresar porque dispones de un colchón que te sostiene te coloca en una situación de privilegio. Conquistado este paso es cuando empiezas a oler cómo la esclavitud ya no es la que domina tu vida, sino que tú tienes el control de tu agenda, tu vida y tus decisiones.

Ahora bien, no hay una cantidad exacta de dinero que se deba tener como mínimo en el colchón de seguridad. Cuanto más grande sea, mayor tranquilidad emocional y financiera se tendrá, obvio, pero no hay respuestas ni cifras rígidas.

Lo que sí está claro es que la cuantía del colchón debe ser aquella que nos permita mantenernos al menos seis meses sin ingresar ni un euro. Es decir, que si para vivir necesitamos 2.000 euros cada mes, lo recomendable será tener un colchón de 12.000 euros ahorrados, como mínimo, para poder estar en esta situación holgada.

Y digo un mínimo de seis meses, pero personalmente lo considero muy justo. Deja poco margen de maniobra, aunque aquí, una vez más, cada uno tiene que encontrar lo que le genere tranquilidad personal.

En mi caso, mi colchón de seguridad es de cuatro años. Soy consciente de que es un dinero que se va devaluando con el paso del tiempo, que lo tengo parado y que asumo que la inflación me lo va comiendo mes a mes.

Sin embargo, es parte del peaje que acepto pagar. Prefiero perder un porcentaje anualmente debido a la devaluación de la moneda, pero a cambio ganar en tranquilidad emocional. Es una rentabilidad escondida que tiene mucho más valor que un porcentaje anual.

De hecho, los ahorros que te reporten un 0 % de rentabilidad anual de forma directa pueden traerte indirectamente una rentabilidad extraordinaria si te dan la posibilidad de emprender, formarte o cambiar de trabajo para mejorar tu estilo de vida. De esto hablaremos en el siguiente capítulo.

Ahora bien, habrá quien piense que cuatro años es mucho tiempo y quien considere que es poco. Lo bonito es saber que a nivel de finanzas personales nada está escrito. Cada uno tiene que encontrar su propia fórmula a partir de su propia experiencia, situación personal, familiar y económica.

Y lo más importante es elegir aquello que te permita conciliar el sueño por la noche. Saber que al día siguiente, si no se quiere, no hay que estar esclavizado es signo de riqueza.

Es crucial tener claro que este punto no es fácil de alcanzar. Pueden necesitarse meses o años para contar con un colchón financiero que te permita estar seis meses o un año sin la necesidad imperiosa de percibir ingresos recurrentes.

Pero recuerda que el juego es a largo plazo. La verdadera riqueza no se consigue de un día para otro, sino que es fruto de llevar a cabo diferentes acciones de forma repetida para que te conduzcan del punto A al punto B.

DEJANDO ATRÁS EL SEGUNDO MODO...

La riqueza empieza por dentro: La energía del eneatipo Cuatro incentiva la introspección, el mirar hacia dentro, reflexionar y cuestionar creencias, conceptos y experiencias vividas. Gracias a que desarrollamos un criterio propio, vamos reconectando con nuestra propia intuición y sabiduría personal para tomar mejores decisiones económicas.

¡Adiós, deudas!: La energía del eneatipo Cinco nos invita a tener el control de nuestra vida sin estar atados a deudas que restan libertad. Es una llamada a la independencia, a vivir dentro de nuestras posibilidades y tener la capacidad de planificar con sabiduría nuestro presente y nuestro futuro económicos. La ligereza de no tener deudas es sinónimo de tranquilidad.

***Get the money*:** Debido a la energía del eneatipo Seis, podemos vernos capacitados para afrontar problemas económicos gracias a que disponemos de un colchón de seguridad. Es un acto de madurez y responsabilidad para imprimir prudencia a nuestros movimientos financieros y no quedarnos tan expuestos en situaciones de incertidumbre.

5

Tercera etapa: modo abundancia

En la tercera y última fase del camino hacia la verdadera riqueza es cuando entrenas al cerebro para detectar oportunidades. Al tener las finanzas ordenadas, tomar mejores decisiones y adoptar una actitud enfocada en la acción, encuentras un verdadero y rico balance personal, profesional, económico y espiritual.

Gracias a la visión del eneatipo Siete, a la fuerza de la inversión y a la acción del eneatipo Ocho, se logra un sano equilibrio propio de la energía dominante del eneatipo Nueve en la vida de las personas. El dinero es un medio para poder llevar a cabo el estilo de vida ideal de cada uno y tener control sobre nuestro tiempo.

Completar las dos primeras fases ha cambiado tu relación con el dinero. Ahora bien, dominar los pasos de la tercera fase transformarán tu relación con el futuro y con tu vida.

PASO SIETE: VISIÓN Y OPORTUNIDADES

El olfato de Mariano

En 2009 decidí que ya no quería trabajar más por cuenta ajena y que debía trazar un plan en mi cabeza para ser una persona libre, sin jefe, sin horarios y sin ataduras. No quería que nadie me dijera qué podía (o no) hacer en mi día a día. No me motivaba nada la idea de estar restringido a un horario fijo en un trabajo permanente.

En aquella época me dedicaba a dar clases de tenis. Honestamente, se me daba bastante bien, ya que no solo dominaba el juego, sino que también empatizaba con los jugadores. No era el típico entrenador apabullante, sino que conectaba a nivel emocional con los alumnos.

Tras varios años en el mismo trabajo, me desmotivé porque se avecinaba un futuro poco alentador. Solo tenía que mirar a mi alrededor para estar seguro de cómo sería mi vida en los años siguientes. Nada de lo que veía en mis compañeros de trabajo me motivaba: entrenadores amargados cobrando un sueldo mediocre, luchas constantes por una subida salarial ridícula que nunca llegaba, condiciones laborales que no se asemejaban a mi estilo de vida ideal y una nómina que olía a rancio.

Allí fue cuando comencé a buscar qué personas podían ayudarme como referentes a la hora de construir mi estilo de vida ideal. Estaba realmente perdido, no sabía qué quería hacer con mi vida pese a que la única dirección que me marcaba mi propia brújula era la de la libertad.

Sin embargo, «libertad» es un concepto muy amplio y ambiguo como para determinar algo en concreto. Pero en ese momento yo no daba para mucho más. No veía demasiada salida, todo me parecía imposible y como bien decía T. Harv Eker en su libro *Los secretos de la mente millonaria*: «La gente no consigue lo que quiere porque no sabe lo que quiere». Pues yo era un claro ejemplo de esta frase.

A pesar de esta etapa gris, cuando más desorientado me encontraba, alguien me enseñó uno de los conceptos más poderosos que aún hoy aplico en mi vida: «el olfato de Mariano».

Una mañana del mes de abril, paseando por la playa de la Barceloneta, me encontré con Mariano, un exalumno al que había impartido clases de tenis hasta unos meses atrás. Él había dejado de recibirlas por una oportunidad laboral inminente que le salió en Estados Unidos. Nada que ver con su sector, pero quería probar y se marchó.

Mariano era sevillano, tenía 50 años y había estudiado Psicología en Madrid. Se dedicaba al mundo de la restauración, también tenía negocios en el sector del textil y hacía terapias para parejas en crisis. En los dos primeros ponía dinero; en el tercer negocio, su tiempo y conocimiento.

Me llamaba la atención la capacidad que tenía de generar

dinero en rubros tan dispares. Era bueno en todo lo que hacía, una persona sabia y entregada a su pasión: ayudar a las personas a tener relaciones de pareja más sanas. Me invitó a tomar una bebida y ponernos al día, ya que ambos teníamos tiempo.

—Me fui a Miami porque me ofrecieron hacer un programa de televisión. Llevamos ya treinta episodios y está funcionando de forma correcta. No para tirar cohetes, pero va en la medida esperada. Allí me dedico a hacer las secciones de pareja, mentalidad y psicología humana.

—Tienes un restaurante en Barcelona, también una tienda de ropa, das clases en universidades, haces terapia de pareja y ahora también eres columnista de un programa de televisión en Estados Unidos… ¿Cómo lo haces? —le pregunté.

—Mira, Nacho, yo me considero una persona con intereses diversos. Me gustan muchas cosas que, a priori, nada tienen que ver la una con la otra. Sin embargo, yo las puedo unir y esto, sumado a una alta dosis de curiosidad, suele generarme oportunidades. Gran parte de lo que yo considero éxito en mi vida se debe a que he sido capaz de explorar diferentes negocios, personas, países o industrias. Las oportunidades las creo cuando yo tengo la opción de tener tiempo, juntarme con personas y puedo atacar esos nuevos caminos.

Aprovecha la opcionalidad

Años más tarde, Nassim Taleb, matemático, filósofo y profesor de la Universidad de Nueva York, habló en su libro *Antifrágil* sobre las habilidades que coloquialmente llamé durante años el «olfato de Mariano» y les atribuyó el concepto de «opcionalidad». La opcionalidad significa generar diferentes escenarios con varias alternativas en los que uno pueda escoger qué es lo que más le conviene ejecutar o no.

Cuando le conté que estaba escribiendo este libro, me citó en un restaurante de Barcelona y nos pusimos al día. Hace tiempo que no vive en Miami, se construyó una casa en los Pirineos catalanes y pasa unas semanas en la montaña y otras en la ciudad.

—Para exponerte a oportunidades, también necesitas dinero. Con dinero, la opcionalidad crece de forma exponencial. Si tienes dinero, puedes tener tiempo para ir a una fiesta, a una comida improvisada en la montaña o a una reunión un martes a las once de la mañana. Si te expones a oportunidades, pueden pasarte cosas interesantes en la vida. Si no lo haces, seguro que no sucederá nada.

Séptimo objetivo: Crea opcionalidad

En estos años he comprobado que quien sabe aprovechar la opcionalidad acaba teniendo éxito y mayor calidad de vida. Mucha gente desconoce este concepto y tampoco es consciente del enorme impacto que tiene en la vida de las personas. El dinero es un puente que te permite mayor opcionalidad.

Aunque cuidado: no es necesaria una gran cantidad de dinero para contar con la opcionalidad, pero ayuda (y mucho). Con dinero aumentas el número de opciones abiertas, accedes a otro tipo de personas y situaciones, y puedes permitirte asistir a eventos o acontecimientos que en caso de no tenerlo sería poco probable o imposible que te permitieras.

Si estás en una oficina trabajando de lunes a viernes, de nueve de la mañana a seis de la tarde, y cuando sales tienes que ocuparte de tus hijos, la casa y hacer la compra... la opcionalidad se reduce. En un supermercado, mientras pesas un kilo de tomates, es más complicado que sucedan cosas extraordinarias y que generes oportunidades.

En cambio, en un viaje improvisado, en un desayuno de negocios o una comida con el director general de una multinacional, la opcionalidad aumenta. Y para según qué reuniones, encuentros y experiencias no basta con el tiempo. Necesitas poder pagarte esa comida, viaje o actividad. Si no puedes hacer frente económicamente a este gasto, no podrás experimentar, y las opciones se reducen.

Habilidades de riqueza

Voy a contarte cómo me he expuesto a opciones y he aprovechado varias oportunidades en mi vida que me han permitido escalar mi negocio, aumentar mi red de contactos, ganar más dinero y sumergirme en mejores inversiones económicas.

Vivimos y operamos en un mercado hiperconectado donde la colaboración le está ganando el pulso a la competición. Hoy en día nos necesitamos los unos a los otros y se crean sinergias enriquecedoras en personas que en un viejo paradigma serían competencia y hoy son colaboradores o socios.

Así que aprovecha este nuevo paradigma en el que vivimos porque las normas han cambiado.

Estas son algunas acciones que te ayudarán a crear opcionalidad:

- Invierte y apúntate a eventos, talleres, charlas, cursos y formaciones con tus referentes o los referentes de tu sector. Es útil que te vean, te pongan cara, que ubiquen tu nombre y sepan que has pagado por sus formaciones. Estarás en su radar y, si eres válido, podrán surgir colaboraciones u oportunidades en un futuro.

- Métete en el entorno al que quieres pertenecer si estás buscando un cambio de rumbo profesional. Es decir, si te gusta el teatro o quieres ser actriz, un buen comienzo puede ser vender entradas en un teatro. Tal vez no sea tu trabajo ideal, pero estarás metiéndote de lleno en el rubro, conocerás a actores y actrices, sabrás cómo funciona el sector y surgirán nuevas posibilidades. Es tu puerta de entrada al nuevo mundo al que quieres pertenecer.

- Hazte socio de un club de tenis, golf, gimnasio, *coworking*... donde estén las personas de las que quieres rodearte y aquellas que pueden ayudarte a conseguir tus objetivos. No hay nada como las relaciones. Ninguna persona se ha hecho a sí misma sin la ayuda de nadie. Somos seres sociables. Aprovéchalo.

- Ayuda desinteresadamente a los demás. Genera en la gente oportunidades de negocio, conecta a personas con otras personas y busca soluciones para los demás. Resolver problemas a terceras personas hará que ellas también quieran echarte una mano. El éxito en cualquier campo, y sobre todo en los que el dinero está involucrado, requiere trabajar con otras personas, no contra ellas.

- Conectado con el punto anterior: lo más poderoso que puedes hacer es ser una persona desinteresadamente generosa. No lleves la cuenta de qué has dado a quién o durante cuánto tiempo. El hecho de regalar contactos, tu tiempo, formación, servicios, dinero o lo que consideres nunca debe ser un medio para conseguir otra cosa, sino el fin en sí mismo.

- Piensa en relaciones y colaboraciones que siempre sean *win-win*. No busques únicamente tu beneficio personal a la hora de pedir favores, sino considera que todas las partes implicadas salgan beneficiadas ante cualquier movimiento.

- Rodéate de personas que estén en la misma vibración que tú, que tengan intereses similares y una mentalidad ganadora. Dicen que somos la suma de las cinco personas de las que más nos rodeamos. Doy fe.

- Intenta trabajar en una empresa en la que vayas a aprender y a crecer como profesional. Recuerda que tú estás allí para aportar muchísimo valor, pero sobre todo para aprender cómo funciona el negocio, ampliar tu red de contactos, adquirir nuevas habilidades y expandirte. Que la empresa no te utilice, utilízala tú a ella.

- Y, por último, sé tú mismo. No seas el típico *networker* pelmazo, vendedor insistente o interesado oportunista. Este tipo de personas no entienden lo que significa relacionarse, ya que carecen de todo tipo de relaciones verdaderas y auténticas.

Atacando oportunidades

Ocho meses después de hablar con Mariano e inspirado en su historia, cogí todos mis ahorros (8.000 euros que tenía en mi cuenta corriente) y, como contaba antes, me fui a vivir a Indonesia para explorar nuevas oportunidades y tener algo más de libertad en mi vida.

Fue un movimiento inteligente monetariamente. El costo de la vida en Bali era muy inferior al de España (y lo sigue siendo). En ese entonces, junto a mi amigo Rodri, el que ya te nombré en el capítulo tres, pagábamos 200 euros al mes cada uno por una casa con jardín ubicada a cuatro minutos de la playa.

De las primeras cosas que hice en la isla tras descartar el negocio de restauración fue buscar nuevas opciones y analizar qué quería hacer en ese momento. Yendo en moto, me encontré con el Canggu Club, el único club de tenis que había en la zona en su momento. Pregunté por alguien de nivel con quien jugar un partido. Me dieron una lista de socios, llamé a uno y al cabo de unos días estaba jugando con él.

Mientras peloteaba con Zach, un francés que llevaba dos años viviendo en Bali, se aproximó a la pista el director de la escuela del club, Robert, un holandés pelirrojo de 32 años y casi dos metros de estatura. Vino a presentarse y me comentó que le interesaría reunirse conmigo para conocernos.

Al día siguiente, entre clase y clase que impartía Robert, fuimos a comer juntos al restaurante del club. Le conté de mi experiencia como entrenador y me comentó que estaban en una época de cambios en la escuela. Estaban experimentando un crecimiento de expatriados que iban a vivir a Bali y buscaban a alguien que pudiera hacerse cargo de toda la escuela.

Al ver mi estilo de juego, la experiencia que tenía pese a tener apenas 23 años y mi forma de relacionarme con la gente, decidió apostar por mí como la persona idónea para dirigir la sección de tenis de todo el club.

Llevaba una semana en Bali y ya había vivido en mis carnes la opcionalidad, dejando abiertas las posibilidades de aceptar (o no) oportunidades. Al cabo de dos semanas, había declinado apostar por emprender en el mundo de la restauración y comenzaba como director en la escuela.

Al no tener la necesidad imperiosa de decir que sí al trabajo, pude negociar al alza mis condiciones. Tenía ahorros y, debido al bajo coste de vida, podía mantenerme durante más de un año con esos 8.000 euros en mi cuenta corriente, suponiendo que no tuviera un solo ingreso.

Sin embargo, la empresa tenía la necesidad urgente de contratar a alguien que demostrara experiencia, supiera de tenis, dominara el inglés y tuviera buena presencia. No era fácil encontrar de forma urgente un perfil como el mío, viviendo en la isla y con disponibilidad absoluta e inmediata.

Sabedor de estas condiciones, comprendí la importancia de disponer de una cuenta con dinero, ya que me permitió a mí tener la última palabra. Si en lugar de 8.000 euros hubiera tenido 1.000, mi urgencia habría sido superior. El dinero me permitió comprar libertad y tener mayor opcionalidad. A mayor dinero, mayor capacidad de decir que no a ciertas ofertas o propuestas rancias.

Sin dinero no podría haber ido a experimentar a Bali. Experimentar da espacio a nuevas posibilidades y te conecta con nuevas personas. Estos nuevos contactos abren oportunidades, y estas, a su vez, pueden ser nuevas vías de negocio o propiciarte un nuevo y mejor estilo de vida. Esto puede cambiarlo todo.

La creación constante de oportunidades es un mecanismo de éxito garantizado. Hoy en Barcelona, ayer en Costa Rica, antes de ayer en Bali, al principio en Argentina y mañana vaya a saber uno dónde. El éxito se consigue cuando uno se mueve y se activa.

El cambio te acompaña

Contar con un plan es importante para saber hacia dónde te mueves y tomar decisiones que te acerquen a ese punto de llegada. Ahora bien, aunque suene paradójico, conviene tener presente que, a medida que pasa el tiempo, las personas vamos cambiando de opinión y de forma de ver las cosas de manera constante. Mucho de lo que hoy nos vale en un futuro no nos servirá.

Puedes tener claro lo que quieres, pero no saber cómo hacerlo. Y lo que hoy piensas que es el camino correcto mañana puede no serlo. Los seres humanos cambiamos de opinión. No es lo mismo la visión de la vida cuando tenemos ocho años que a los 16.

Tampoco cuando estamos en la universidad que a los 33. Una cosa es pensar sin hijos; otra es hacerlo con hijos.

La planificación a largo plazo es más complicada de lo que las personas imaginan, ya que, con el paso de los años, los objetivos, deseos, miedos y motivaciones van mutando. Los planes son moldeables, dinámicos y tienen vida propia. Existe esa famosa frase de «Si quieres hacer reír a Dios, cuéntale tus planes» en alusión a que la vida ya se encargará de hacer lo que considere independientemente de lo que uno desee. De ahí que, entre tantos factores, pocos planes sobrevivan cuando se ejecutan en la vida real.

Y este apartado no es para que deseches lo que hasta ahora tenías pensado o el plan que estás ejecutando, ni mucho menos. Tener una hoja de ruta, cambiar la mentalidad de corto plazo hacia una de largo plazo y sostener acciones repetidas en el tiempo es lo que te reportará resultados satisfactorios. Pero, a la vez, debemos convivir con el cambio.

Sirve para tomar consciencia de que no pasa nada si en algún momento cambiamos de opinión, de necesidades, gustos o forma de ver la vida. Cuanto antes aceptemos que el cambio es una constante en la vida, menos sufriremos, más nos adaptaremos y mejor encararemos las circunstancias cuando no sucede lo que anhelamos.

Con las finanzas ocurre exactamente lo mismo. Resulta esencial planificar a largo plazo, pero entendiendo que los planes pueden ser dinámicos y flexibles y estar sujetos a las necesidades de las personas en cada momento.

Podrán venir sentimientos de culpa, malestar o autoexigencias por desviarnos de nuestro objetivo inicial o incluso por sentir que hemos perdido demasiado tiempo haciendo algo que ya no va acorde con nosotros.

Sin embargo, como dice Pablo d'Ors en su libro *Biografía del silencio*, «es absurdo condenar la ignorancia pasada desde la sabiduría presente».

Ten un plan, pero vívelo con flexibilidad. Y si cambias, sé consecuente con tus decisiones.

PASO OCHO: HAZ CRECER TU DINERO

La mejor inversión del mundo

Con el objetivo de seguir fluyendo por el camino de la verdadera abundancia, ha llegado el momento de jugar en primera división y empezar a invertir. Pero, antes de poner a trabajar tu dinero en bolsa, acciones, fondos indexados, inmuebles, Bitcoin u otro tipo de productos o vehículos, tendrás que invertir en el activo que puede darte los mejores rendimientos del mundo: tú mismo.

La formación es la inversión que mejor paga y menos dinero te hace perder por ignorante. He perdido decenas de miles de euros buscando atajos debido a que no disponía de formación suficiente. Tenía ganas y motivación, pero me faltaba educación financiera. Me aventuré a hacer inversiones que terminaron en estafas. Buscar fórmulas mágicas con rentabilidades asombrosas y capitales supuestamente garantizados es el camino directo a que te roben el dinero.

Tenía cierta actitud correcta (el hecho de querer crecer, progresar e invertir), pero no contaba con ninguna estrategia ni con los conocimientos suficientes. Además, destiné más dinero del que estaba dispuesto a perder. Estaba intentando conducir un Ferrari sin haberme sacado el carnet.

De haberme formado, no hubiera tenido cuantiosas pérdidas. La formación en educación financiera nos ayuda a proteger mejor nuestro dinero, a saber a ciencia cierta dónde estamos metiéndolo, a crearnos un plan de inversión con sentido, comprender que los milagros no existen, a poner solo el dinero que no necesitemos a medio plazo, diversificar las inversiones, mirar la letra pequeña, controlar nuestras emociones, calcular las comisiones y un largo etcétera de información que, sin formación, pasamos por alto.

El simple hecho de tener en tus manos un libro como este hace que ya hayas dado un gran paso en la búsqueda de respuestas. Significa que tienes la motivación suficiente para mejorar tus finanzas y tu vida. Esto es digno de admirar y valorar.

Llegados a este punto del camino, ya dispones de un colchón de seguridad que te permite pasar meses sin trabajar, has comenzado un plan para saldar todas tus deudas (o incluso las has cancelado ya) y tienes una noción clara de cuánto dinero entra y sale cada mes.

Además, tu mente ha cambiado. Ya no estás aquí solo para gastar dinero, te gusta generarlo y estás en paz con ello. Tienes una mentalidad de productor y la capacidad de buscar, oler y detectar oportunidades. Has trabajado tu visión a largo plazo y te queda el último ingrediente: invertir para hacer crecer tu patrimonio.

En busca de retornos

Invertir es poner el dinero en un producto, servicio o activo con la esperanza de generar más dinero.

No entiendo la inversión abordándola como un lobo de Wall Street y pensando «cuanta más mejor», ya que lo más probable es que, paradójicamente, me quede con menos. Tampoco se trata de ir pensando que me haré rico en un abrir y cerrar de ojos o que contaré billetes con mi nueva fortuna.

Es importante saber:

- Cuándo es suficiente.
- Qué cantidad de dinero necesito para tener mi estilo de vida ideal cubierto.
- Ser realista para alcanzar ese plan con consciencia y seguridad.

Llegados a este punto, debes invertir en formación, en conocer los diferentes instrumentos de inversión para poder escoger con sabiduría lo que mejor se adapte a ti. Aprender significa romper con los miedos a invertir, darte cuenta de que, por razones que ahora te explicaré, es más arriesgado no hacerlo.

La inflación, el asesino silencioso

Uno de los motivos por los cuales es importante aprender a invertir es que la inflación no se coma a bocados tu dinero y el Estado tampoco se dé un festín a base de impuestos con tus ahorros.

La inflación es una consecuencia de la devaluación de la moneda. Como cada vez se imprime más dinero y hay más en circulación, la moneda vale menos. Cuanta más oferta hay, menos valen nuestros euros, dólares o pesos. Y, si la moneda vale menos, los precios suben.

En resumidas cuentas, la inflación es uno de los grandes motivos por los cuales tu dinero vale menos y nosotros nos hacemos más pobres cada día. Suben la gasolina, la factura de la luz, los alimentos en el supermercado, los impuestos, la vivienda... pero ¿tu sueldo también sube acorde con la escalada de precios de productos o servicios que consumimos a diario? No. ¿Y tus ahorros aumentan? No hace falta que me respondas. Si no inviertes, la respuesta también es no.

La inflación es el impuesto silencioso que va destruyendo nuestras finanzas personales. Por eso, dejar parado el dinero en una cuenta corriente no siempre es la opción con menos riesgo.

Octavo objetivo: Invierte

Solo por el hecho de resguardar el valor de nuestro dinero ya deberíamos plantearnos la opción de invertir. Cuanto más tiempo se mantenga el dinero inmovilizado, más estamos perdiendo por culpa de los efectos de este fenómeno monetario.

Dice un proverbio chino que el mejor momento para plantar un árbol fue hace veinte años y el segundo mejor momento es ahora. Lo mismo sucede con la inversión. Y aquí no queremos que mañana ya sea tarde.

Muchas personas ven la inversión como algo realmente complejo, pero en realidad es muchísimo más sencillo de lo que parece. Hay diferentes formas de invertir que no requieren análisis de gráficas, lenguaje técnico ni horas de dedicación cada día. Por más que parezca una montaña de información que abruma, no hace falta ser un experto para invertir. Es accesible a todo el mundo.

Perfil del inversor

Como hemos visto a lo largo del libro, el eneatipo Cinco no se relacionará de la misma manera que un eneatipo Ocho con el riesgo y las inversiones. Uno buscará la prudencia teniendo una mente más fría para tomar decisiones mientras que el otro será más propenso a arriesgar y entrará con fuerza y vigor.

Cuando decides poner tu dinero a trabajar, debes hacerlo siempre de acuerdo con cómo interpretas el mundo. La inversión que realices debe estar alineada con tu forma de relacionarte con el dinero, de entender el riesgo, los miedos, la vida, el objetivo temporal y tu situación financiera.

Tendrás que encontrar qué tipo de inversión es más adecuada para tu momento actual y tu tipo de personalidad. De esta manera, podrás tomar mejores decisiones para saber dónde poner tus ahorros.

El eneatipo Siete suele ser un perfil de persona que, a priori, necesitará divertirse con las inversiones y buscará ser más activo que pasivo. Pues bien, si está dispuesto a asumir los riesgos que conlleva el hecho de estar cambiando de inversiones a corto plazo o querer superar de forma manual al mercado, allá cada uno.

Lo que sí está claro es que invertir en productos que no son para tu perfil de inversor probablemente conduzca a que pierdas dinero y no descanses bien por la noche. Por lo tanto, el primer interesado en conocer tu perfil de inversor eres tú.

Existen tres tipos de perfiles:

1. **Conservador:** Se caracteriza por su aversión al riesgo, la volatilidad y las pérdidas. Valora la seguridad de su inversión por encima de la rentabilidad y procura asumir el menor riesgo posible. Prefiere rendimientos bajos y estables pero seguros con tal de preservar su dinero. Suele invertir con la mirada puesta en el largo plazo. No será de involucrarse mucho en las inversiones, prefiere tenerlas automatizadas y dejar correr el tiempo haciendo una gestión pasiva. En este grupo puedes encontrar con facilidad a los eneatipos Cinco, Seis y Nueve.

2. **Moderado:** Está dispuesto a tolerar cierto riesgo para conseguir mayores rentabilidades. No está en un extremo ni en el otro, es un término medio. El balance y el equilibrio forman parte de su manera de ver la inversión. Suele invertir con la mirada puesta en el medio plazo. En este grupo puedes encontrar con facilidad a los eneatipos Uno, Dos y Cuatro.

3. **Agresivo:** Este perfil es el que busca más rentabilidad asumiendo los mayores riesgos. Se toma la inversión como un

reto, un juego o una competición, por lo que está dispuesto a aceptar eventuales pérdidas. En busca de adrenalina, puede realizar movimientos más bruscos y arriesgados. Al ser una persona más propensa a involucrarse activamente en sus inversiones, esto puede otorgarle tanto ganancias sustanciosas como pérdidas cuantiosas. Suele invertir buscando la gratificación instantánea o el corto plazo. En este grupo puedes encontrar con facilidad a eneatipos Tres, Siete y Ocho.

Para tener en cuenta

Esta relación entre los eneatipos y su perfil como inversor supone un punto de partida desde el cual puede verse identificada cada persona. Sin embargo, esto no quiere decir que sea rígido e inmutable.

Como hemos comentado, el eneagrama es una herramienta flexible, sujeta a la experiencia de cada uno y también a su momento vital. Enseña tendencias y comportamientos característicos que nacen de manera automática en cada individuo.

Ahora bien, el objetivo es no quedarte estancado ni etiquetado en tu eneatipo, sino alcanzar un equilibrio sano gracias a los puntos fuertes de los otros tipos de personalidad.

Cuando hablamos del perfil de inversor no significa que los eneatipo Seis sean conservadores de por vida, que los Cuatro sean moderados siempre ni que los Siete arriesguen constantemente. Son nueve formas de interactuar con la inversión como punto de partida que pueden ir transformándose y equilibrándose con el paso del tiempo. Es decir, puede haber un eneatipo Ocho con un perfil más conservador y un Cinco que quiera arriesgar.

Como siempre, la clave es el autoconocimiento. Saber desde dónde partes, en qué punto estás y hacia dónde quieres ir a nivel económico. De esta manera tomarás mejores decisiones que te llevarán desde el punto A hasta el punto B.

Independientemente de tu eneatipo, tendrás una determinada tolerancia al riesgo, ya sea mayor o menor, pero esta, como he repetido en numerosas ocasiones, debe permitirte descansar por la noche.

Haz siempre lo que tenga sentido para ti al margen de lo que te digan entornos, números, rentabilidades o quien sea. Más vale ser coherente y razonable contigo que solo racional por lo que dicten unos números. Que hable tu corazón.

Pon tu dinero a trabajar

Aquí van algunos consejos que te servirán a la hora de invertir:

1. Dinero congelado

No hay nada mejor que que tu dinero trabaje para ti, pero lo más importante es vivir tranquilo y en paz. En el momento de invertir, hay que hacerlo con la mirada puesta en el largo plazo, pero sin descuidar el corto.

El dinero que inviertas es un dinero que tienes que estar dispuesto a ver desinflarse en épocas turbulentas. De hecho, en el momento de escribir estas líneas las bolsas están cayendo en picado en todo el mundo, el Bitcoin y las criptomonedas también, y los precios no paran de subir debido a la inflación.

Todos debemos pagar facturas, impuestos, alimentos, ocio, vivienda y demás gastos fijos y variables que tenemos cada mes. Solo una vez que los gastos básicos de supervivencia estén cubiertos podremos pensar en invertir. En caso contrario, es probable que los problemas financieros llamen a tu puerta. Mantente lo más lejos posible de un jaque mate financiero.

2. Reparte juego

De sobra conocida es la frase de «No pongas todos los huevos en la misma cesta». Pues bien, en las inversiones es de vital importancia diversificar, es decir, no concentrar todo el dinero en una sola acción, en un único sector o en la compra de una única criptomoneda, por ejemplo. Es una regla básica para cualquier inversionista independientemente del dinero del que disponga.

Llevando a la práctica esta estrategia, pueden compensarse pérdidas por un lado con ganancias por el otro. Si los riesgos están más controlados, por la noche se descansa mejor, al menos en mi caso.

Un ejemplo de cartera de inversión bien diversificada y al alcance de todos podría ser la combinación de acciones, fondos de inversión, bonos, Bitcoin, monedas y materias primas. Lo importante es estar protegido mitigando exposiciones arriesgadas.

3. De mano blanda a mano dura

Llamo manos blandas a aquellos inversores que se deshacen de sus activos en pleno ataque de pánico. Arrastrados por el miedo, toman decisiones con el corazón y la mente calientes. En lugar de mantener su inversión y esperar a que el mercado se equilibre, deciden vender en mínimos cuando hay un *crash* bursátil, inmobiliario o el valor del Bitcoin está por los suelos.

«Cuando mi limpiabotas invierte en Bolsa, yo lo vendo todo», decía John Davidson Rockefeller. También los hay que dicen que no fue Rockefeller quien pronunció esta frase, sino Joseph P. Kennedy.

Al margen de quién lo dijera, lo que evidencia es que cuando un gran porcentaje de personas que no está familiarizada con la inversión comienza a invertir en X (sea lo que sea) y habla del tema como si llevara toda la vida haciéndolo entonces es muy posible que nos hallemos ante una burbuja a punto de estallar.

En caso de ser así, estaríamos en un momento muy malo para comprar y muy bueno para vender. En estas burbujas suele entrar y salir una gran afluencia de dinero procedente de manos inexpertas, lo que ocasiona movimientos impredecibles, poco racionales y cargados de miedo. Cuanto más venden, más cae el precio del mercado.

Hoy en día, las inversiones son más populares y la frase de Rockefeller podría estar algo desfasada y descontextualizada. Sin embargo, en ocasiones, sigue aplicándose; debido a que se trata de un comportamiento humano, esas tendencias continúan manteniéndose.

4. Jamás te endeudes para invertir

Nunca pidas un préstamo para invertir si eres un inversor inexperto. Puedes cometer un error catastrófico y condicionarte la vida. Las deudas deben quedar fuera de la ecuación para invertir en bolsa, fondos, criptomonedas, bonos, oro, etcétera.

Además, con el auge del online y las nuevas tecnologías, cada vez es más frecuente encontrar empresas que prestan servicios de inversión sin permiso para ello. Operan ilegalmente sin estar autorizadas por la Comisión Nacional del Mercado de Valores (CNMV) ni por ningún otro organismo regulador oficial, como el Banco de España. Actúan sin escrúpulos y con aparente normalidad cuando bajo ningún concepto están habilitadas para hacerlo.

Detectar estos «chiringuitos financieros», como los denomina la CNMV, no es tarea sencilla, ya que están bien camuflados y emplean elaboradas estrategias de comunicación para captar a personas poco formadas.

La premisa para huir de ellos es clara. Hay que desconfiar de:

- Rentabilidades garantizadas que dicen ser cien por cien seguras.
- Gráficas manipulables con constantes aciertos y pocos (o ningún) fallo.
- Múltiples ventajas por ser cliente de ellos.
- Incentivos económicos para atraer amigos y nuevos clientes.
- Presión continua para ir depositando dinero de manera repetitiva.

En el pasado he sido víctima de estafas y he llegado a perder decenas de miles de euros por ignorante. Debido a mi nula formación, compré la idea de que podía ganar mucho dinero sin esfuerzo, en muy poco tiempo y sin apenas riesgo.

No es el camino para la verdadera riqueza.

5. Lo que para ti tenga sentido

Los comportamientos con nuestras finanzas personales tienen diferentes componentes peculiares. Y es que podemos hacer cosas que técnicamente no sean correctas y parezcan absurdas desde un punto de vista económico o matemático y, sin embargo, tengan sentido a nivel personal y emocional.

Tengo un amigo con el que comparto al 99 % la visión de la vida, de los negocios, del estilo de vida que llevamos, del amor en pareja y de la familia. Sin embargo, en la relación con el dinero somos opuestos.

Lo que a él le funciona, aunque no se sostenga desde un punto de vista lógico y racional, a mí no me funciona en absoluto. Pero para él es razonable y está siendo coherente con lo que siente como persona e inversor sobre su manera de gestionar su dinero.

Algo similar me pasa a título personal con activos como el Bitcoin. Me gusta a nivel filosófico, me apasiona la propuesta de valor y me ha dado grandes alegrías en el pasado. Por más que tenga muchos detractores, aspectos en los que puede despertar algo de dudas y una increíble volatilidad, sigo creyendo con firmeza en este activo. De hecho, puedo afirmar que moriré con *satoshis* en mi *wallet* al margen de si el precio cae a cero o se dispara a un millón de euros por Bitcoin.

Invertir en algo a lo que se tiene cariño, aprecio o devoción pone al inversor en un escenario más favorable tanto en épocas alcistas como bajistas. La capacidad de resistir y aguantar sin vender en épocas malas es mayor, ya que el inversor siente un vínculo con la inversión. Esto hace que las posibilidades de obtener mejores rentabilidades sean más altas.

Por el lado contrario sucede lo mismo, pero a la inversa. Si una persona invierte en una compañía en la que únicamente está buscando la máxima rentabilidad sin importarle absolutamente nada ese sector, producto o servicio, las posibilidades de que tome malas decisiones cuando venga una racha negativa son altas.

Nudismo financiero

Durante una época de mi vida, me obsesioné con los gráficos, consultaba cotizaciones constantemente, realizaba cursos de *trading*, operaba con alertas y seguía todas las noticias del mundo bursátil y la criptoeconomía para estar al día.

Además, me informaba sobre análisis técnicos, observaba tendencias y me creía con el poder de predecir el futuro de acciones y monedas. Bastantes euros tirados a la basura y noches de insomnio me llevaron a la conclusión de que creerme más listo que el mercado no es una opción inteligente para mis finanzas (ni para mi salud emocional).

Y suponerse más inteligente que el mercado es una actitud que miles de personas promueven a través de las redes sociales: controlan sus finanzas al milímetro, consiguen rentabilidades mensuales por encima del 10 % y enseñan gráficas ganadoras de forma recurrente. Todos guapos, ricos e inteligentes.

Pero invertir no va de sacar pecho en redes sociales, eso es ruido y humo para cazar al inversor novel. Invertir va de tomar decisiones que, aparte de generarte dinero, te permitan dormir tranquilo.

Mi estilo de inversión es contrario a lo que se promueve a los cuatro vientos en Instagram, Twitter o YouTube. Es aburrido, está automatizado y apenas requiere mi tiempo. Tengo una cartera que está aislada del ruido, va creciendo año tras año y, lo más importante, sin dedicarle horas.

Así lo hemos decidido en familia. No es la única manera de invertir, ni la única correcta. Aquí entra en juego el horizonte temporal de cada uno, las necesidades familiares y lo que a nosotros personalmente nos hace dormir cómodos. No miramos gráficos ni fórmulas, ni hay constante movimiento de un lado a otro. Es lo que nos viene bien y así lo llevamos a cabo.

Charlie Munger, uno de los inversores más conocidos del mundo, socio de Warren Buffet, dijo una vez: «No tenía la intención de hacerme rico. Solo quería ser independiente».

Bien. Nosotros aplicamos la filosofía de Charlie. Siempre hemos ido buscando la libertad de tiempo, la verdadera riqueza. No nos hemos obsesionado con rentabilidades altísimas de máximo riesgo. Tener el último modelo de Audi aparcado en el garaje, la casa llena de lujos inservibles o derrochar dinero en compras innecesarias no es algo que nos llame la atención. No tenemos demasiado interés en ello.

Yo lo que quiero, por delante de todo, es saber que me levanto cada mañana y decido si voy a hacer ejercicio, si llevo a mi hijo al colegio, si me voy a la oficina o si me quedo en mi casa leyendo. Mi vida, mis normas. Mi tiempo, mis condiciones.

Si siento que comprarme un Audi de 55.000 euros a plazos me quita libertad, lo desecho de la ecuación de forma automática. Por eso, a día de hoy, no lo tenemos.

Mi objetivo no es ser independiente financieramente para dejar de trabajar. Disfruto trabajando, escribiendo, impartiendo formaciones, mentorizando a alumnos y dando conferencias. Pero tener dinero me permite escoger con quién trabajo, de qué manera, en qué condiciones y durante cuánto tiempo.

Y pensarás que para llegar a esta posición se necesita muchísimo dinero, pero déjame decirte que no siempre es cierto. Se trata de tener un control de tus finanzas, vigilar para no caer en la trampa de constantes deseos materiales, expectativas que vienen del exterior, y también de llevar una vida que no esté por encima de nuestras posibilidades.

¿Podemos ir a cenar durante un año fuera todos los días? Sí.

¿Consideramos que es inteligente? No.

¿Nos restaría libertad? Sí, perderíamos capacidad de ahorro y opcionalidad.

Lo desecho.

Los errores que hemos cometido a lo largo de nuestra vida con nuestras finanzas nos han llevado a una situación en la cual nos sentimos orgullosos: no tenemos la sensación de que nos privamos de nada, disfrutamos de nuestro tiempo, vivimos con comodidad y nunca nos ponemos el despertador. Para nosotros, somos ricos.

También hace años que comprendimos los juegos de estatus en los que los vecinos y grupos de amigos compiten. Nosotros, por filosofía de vida, no entramos en ellos. Vemos que nuestros vecinos tienen mejores coches que nosotros, pero se van de sus casas de madrugada y vuelven por la noche. No compramos estatus, compramos tiempo y nos centramos en mejorar nuestra calidad de vida.

Nosotros tenemos un colchón financiero que nos permite estar varios años sin trabajar ni ingresar un solo euro en nuestra cuenta corriente sin perder nuestro estilo de vida. Tener ese dinero ahí es lo que nos da tranquilidad y nos permite tomar mejores decisiones, sin estar ahogados y pudiendo pensar en el medio y largo plazo más que en el corto.

Ese dinero no lo tocamos desde hace años para nada. No hemos tenido grandes imprevistos que pagar ni hemos recurrido a él jamás. Tener liquidez es la gasolina de la libertad y no nos importa que la inflación nos coma bocados de este dinero. Lo rentabilizo por otro lado. Si duermo bien, tomo mejores decisiones y genero otros activos.

También hemos visto que sistematizar nuestras inversiones nos genera paz. Cada primero de mes, se realiza automáticamente una transferencia de mi cuenta bancaria a mi fondo indexado. Lo hacemos de esta manera porque, como comenté anteriormente, no me gusta estar buscando batir al mercado y ver la infinidad de opciones que hay. Prefiero que un gestor automatizado lo haga por mí y diversifique la compra de acciones en decenas, cientos o miles de empresas alrededor del mundo. Tiene bajos costos, seguimos una estrategia a largo plazo y dejamos que el interés compuesto haga su trabajo.

En los meses en los que la facturación es más elevada, me permito transferir un dinero extra. No sé la cantidad ni cuándo será. Todo va en función de la facturación, necesidades y estrategias de mi empresa.

No quiero una medalla al mejor inversor del mundo ni el que más rentabilidades consigue. Mi medalla llega en forma de beso de mi pareja y mi hijo cuando me voy a la cama a dormir sabiendo que, después de muchos años de sufrimiento, ahora estamos tranquilos económicamente.

Por otro lado, un porcentaje de nuestro patrimonio está en Bitcoins. Compramos hace años por la filosofía que tiene este activo, los problemas que resuelve y porque, a priori, no parece estar controlado por ningún gobierno, banco central ni grupo de personas.

No sabemos qué pasará en el futuro, pero en su momento consideramos que podría llegar a ser una buena inversión. Y mientras escribo estas líneas los números lo avalan.

Estamos contentos y nuestra visión es a largo plazo (más de quince o veinte años). ¿En el futuro cómo estaremos? Seguiremos más o menos contentos en función del precio, está claro, pero hemos destinado un dinero que no necesitábamos. Si Bitcoin se va a cero, la jugada económica no habrá salido bien, pero nuestra vida sigue igual. El futuro dirá.

Además de nuestro capital invertido en fondos indexados, nuestro colchón de seguridad, los Bitcoins y otras criptomonedas, tenemos una parte de nuestro dinero en oro y plata físicos guardada en cajas fuertes en otros países. Es un porcentaje pequeño de la cartera, en torno al 7 %.

Por último, donde más suelo invertir es en mí mismo y en mi empresa. Destino capital a formación, herramientas, automatizaciones, cursos, mentores, colaboradores, *branding*, marketing e imagen. Nada va a darme más rentabilidad que tener una mente entrenada, ágil y preparada para crear oportunidades y negocios.

Soy consciente de que esta manera de invertir no le funcionará a todo el mundo ni la compartirá mucha gente. Pero a nosotros nos funciona, y eso es lo único que cuenta. Tú debes encontrar la fórmula que te sea útil a ti.

Ser inversor no es como proclamarte jugador de ajedrez, donde tienes que seguir unas normas estrictas y prestablecidas. Aquí tú decides tus normas y te vuelves un jugador a medida de lo que necesites.

Nuestra manera de actuar se basa en tener orden, controlar gastos, aumentar la tasa de ahorro e invertir cada vez más dinero. Sin embargo, hay una que es la que más gusta: generar mayores ingresos.

Ahí está lo que para nosotros tiene más sentido. Una vez que tenemos más ingresos, ahorramos más e invertimos todavía más. Sin obsesiones, pero con la claridad de saber cuál es el punto que marca la diferencia a nivel económico.

Los atributos que acompañan nuestro plan son la paciencia (la he aprendido en los últimos años), el optimismo y la visión a largo plazo. Esto no lo modificaremos, porque suele traer buenos resultados tanto en la vida como con el dinero.

Ahora bien, a lo largo de mi vida he modificado mi estrategia de inversión varias veces, por lo que somos conscientes de que puede variar en un futuro. Mi objetivo es ir agregando algunos activos más, pero la prioridad más absoluta es tener verdadera riqueza: libertad de agenda y tiempo.

¿Dónde invertir?

Me gustaría regalarte una guía práctica para que puedas ver las diferentes opciones en las puedes empezar a invertir tus ahorros. Nadie debería decirte dónde poner tu capital, es algo que tienes que escoger tú en función de tu tipo de personalidad.

Hay infinidad de alternativas, pero quiero explicarte de la manera más sencilla posible cada una de estas para que comiences tu propio camino.

Visita <www.nachomuhlenberg.com/dinerograma> para acceder gratuitamente a la guía.

PASO NUEVE: LA VERDADERA RIQUEZA

Controla tu tiempo, ama tu vida

La verdadera riqueza no es cenar todas las noches en restaurantes con Estrellas Michelin y colgar las fotos en Instagram. Tampoco va de tener diez bolsos de lujo, joyas de oro y coches de alta gama en el garaje de tu casa. Es mucho más simple.

Como he dicho en repetidas ocasiones, para mí es tener el control de mi vida. Es disponer de libertad de movimientos. Es poder decir lo que pienso y siento con respeto y empatía, pero sin el miedo a que un cliente o un jefe se enfade.

El dinero es, en gran parte, el medio para conseguir la verdadera riqueza, pero nunca el fin en sí mismo. El gran valor que nos permite el dinero es la capacidad para darnos control sobre nuestro tiempo para, poco a poco, ir logrando mayor independencia de movimientos.

Hay personas con muchísimo más dinero que tú y que yo juntos, pero que son más esclavas que nosotros. Trajeadas, con salarios millonarios pero dependientes de jefes, inversores y accionistas. Trabajan con horarios rígidos, tienen códigos de vestimenta y se empastillan para poder conciliar el sueño. Se levantan a las 4.30 de la madrugada no por placer, sino por insomnio, estrés y ansiedad.

Y muchos llamarán a esto «ganarse la vida» cuando lo que están haciendo es ganarse la muerte en vida, que es bien diferente.

Enough

John Bogle, uno de los mejores inversores de la historia, cuenta en su libro *Enough* el problema de sentirse constantemente insatisfecho. El autor estadounidense explica que, estando en una fiesta privada en Nueva York, dos escritores reconocidos charlaban de manera amistosa sobre el trabajo, la vida y el dinero.

En un momento dado, uno le dijo al otro que el anfitrión de la casa, un administrador de fondos, había ganado más dinero en un solo día que el otro escritor en toda su carrera profesional con una novela en particular. El novelista, reflexionando sobre lo que acababa de oír respondió: «Sí, pero yo tengo algo que él nunca tendrá... Yo tengo suficiente».

Y esto es lo que la mayoría de las personas del mundo occidental parecen no tener jamás. De hecho, muchas de estas personas están en estos momentos en una situación en la que su «yo» de diez o quince años atrás hubiera deseado estar.

Sin embargo, siguen en la rueda del hámster, buscando la felicidad fuera a base de conseguir más y más sin llegar a sentirse satisfechos jamás.

Noveno objetivo: Sentirse servido

Cuando nacemos, nuestros padres se encargan de que nuestras necesidades básicas estén cubiertas. A medida que vamos creciendo, nos hacen regalos, como una bicicleta, muñecas o pelotas; objetos que nos distraen y nos reportan goce y felicidad.

A medida que el niño se transforma en adolescente y empieza a ganar sus primeros euros, de simples regalos pasa a comprarse pequeños antojos. Con los años, ese adolescente deja atrás los antojos para adquirir caprichos lujosos.

De forma casi imperceptible, se lleva a cabo una transición a medida que van generándose mayores ingresos. A más dinero, más caprichos. Y de repente lo que da satisfacción es un objeto externo que se compra con dinero.

Poniendo el foco en el dinero, se entra por la puerta grande al mundo de la insatisfacción crónica, la rueda de la infelicidad en la que las personas mejoran su estatus en detrimento de calidad de vida. La insuficiencia permanente hace acto de presencia.

Perseguías el dinero pensando que te haría feliz, pero su búsqueda incesante te lleva a una peor calidad de vida. La curva de satisfacción empieza a caer en picado. Más dinero, más gastos, más ataduras, más intranquilidad y menos libertad.

La verdadera sabiduría llega en el momento en que una persona es capaz de saber cuándo se siente servida. Y ese momento es muy subjetivo. Lo que para mí puede ser suficiente para otro puede ser incomprensiblemente poco. Es un estado en el que se valora lo que se tiene, en donde uno se siente pleno, vive en dicha y satisfecho.

Es una sensación personal de calma e introspección en la que no hay comparación con el exterior ni con los demás. Solo goce interno de lo que eres, lo que ya tienes, cómo vives y lo que haces. Esta es la verdadera riqueza.

No necesitas más. No caes en caprichos que te cuestan salud, tiempo o energía irrecuperables. Estás aprendiendo a ser feliz, tomándote menos en serio algunas cosas que antes te robaban fuerzas. Ahora, las realmente importantes, como la salud, el amor, el bienestar, tu propósito o la verdadera riqueza, son prioritarias.

Cuando eliminas de tu vida la idea de que debes conseguir más cosas porque siempre falta algo en tu vida es cuando estás acariciando la felicidad. Es un estado al cual debemos aprender a llegar sacando de nuestro vocabulario palabras tan usadas a diario como «debo hacer esto», «necesito comprar aquello», «tengo que lograr lo otro» y un sinfín de zanahorias que nos ponemos delante sin darnos cuenta de que somos el burro con un palo en la cabeza.

Y para ti, ¿cuánto es suficiente?

Aceptar nuestro pasado económico

En el momento en que experimentamos la verdadera riqueza y vivimos ese sentimiento de abundancia es cuando empezamos a reconciliarnos con nuestro pasado. Aceptar de la mejor manera posible toda situación que hayamos experimentado, creado o vivido en nuestro pasado es dar pasos hacia la paz y la tranquilidad.

En términos económicos, todo lo ganado, perdido, arriesgado, mal gestionado o derrochado no debe ser motivo de conflicto interno. Tampoco una causa por la cual flagelarse a uno mismo. No sirve de nada fustigarse, criticarse ni arrepentirse en exceso. Como se dice popular y sabiamente, «lo hecho, hecho está», y es inmutable pese lo que pese.

Ahora bien, nuestro pasado financiero debería tomarse como un ejercicio de aprendizaje y autoconocimiento que nos evite repetir errores en el futuro y también reporte aceptación de lo ocurrido a lo largo de la vida.

El pasado no se puede modificar y hay que aceptarlo, pero, como personas responsables, deberíamos ser conscientes de la importancia de tener un plan en el presente para mejorar nuestro futuro.

También es habitual que, a partir de los 40 o los 45 años, comiencen las prisas por querer recuperar el tiempo perdido. Sin embargo, estas siempre son malas compañeras en el camino del inversor, ya que ese sentimiento promueve la toma de malas decisiones que terminan perjudicando seriamente la salud financiera, física y emocional de algunas personas.

Como dice el inversor de origen indio Naval Ravikant, hay que tener «impaciencia con las acciones y paciencia con los resultados». Estos últimos tardan en llegar. No hay varitas mágicas por más prisa que tengamos ni ganas de ganarle una carrera al tiempo.

Lo importante es tener clara la dirección en la que queremos seguir aplicando los diferentes pasos para cosechar los resultados en el largo plazo mientras vamos disfrutando del proceso.

No creo en retrasar la gratificación en todas las acciones ni decisiones, sino que me concentro en saber lo que hago en mi día a día.

El dinero es un juego

Tal vez tu vecino abogado trabaja en un bufete prestigioso en el que ir con traje y corbata de diseño, mostrar un Rolex en la muñeca y aparcar el Mercedes Benz es innegociable. Tendrá que usar este combo de atributos a diario y será una manera de marcar ese estatus que considera que debe mostrar. De este modo, los trajes caros, el reloj de marca y su coche de alta gama forman parte de las «normas de su juego» e incluso le sirven para facturar más dinero o llevar el estilo de vida que él considera adecuado.

Ese abogado sabe cuáles son las reglas de su mundo y debe seguirlas porque así se marcan. En parte, todos somos cómplices, nos guste más o menos, de este juego. Porque no me imagino que alguien que se está jugando entrar en la cárcel decida contratar a un abogado que vaya en chándal, utilice un reloj de Bob Esponja y aparque su Seat León amarillo abollado y rayado del año 2003 con un alerón y llantas blancas antes que al otro.

Tenemos unas normas y las seguimos porque nos identifican. Pero lo importante es saber que los trajes caros, el reloj de lujo y el coche de gama alta no forman parte de mi juego. Puede ser el del vecino, pero no el mío. No competiré contra sus necesidades o caprichos porque no me hacen falta en mi día a día.

Él tiene unos incentivos y unas aspiraciones profesionales a la hora de comprar esos productos. Sin embargo, en mi estilo de vida no son necesarios a menos que juegue una absurda carrera comparativa contra este abogado. Él con sus normas, yo con las mías.

Cuando hablamos de dinero, pocas cosas importan más que conocerse a uno mismo. Saber qué aversión al riesgo se tiene, cuál es nuestro horizonte temporal, qué necesitamos y, sobre todo, qué estilo de vida queremos llevar.

La verdadera riqueza consiste en tener un sano equilibrio interno sabiendo que el dinero es un medio por el cual conseguir la vida que quieres. El dinero que buscas es tu tiempo de vida entregado a cambio de billetes o ceros en tu cuenta corriente. Debes saber qué cantidad necesitas para sentirte cómodo con lo que recibes en relación con la energía vital que entregas.

En otras palabras, tú estás decidiendo cuánto dinero recibir a cambio de tus pagos en tiempo a esa empresa, jefe o negocio en el que estás metido. Saber esto debería permitirte optimizar tu tiempo y no destinarlo a trabajos, personas o energía que no estén alineados con tus valores y objetivos vitales.

Nada más sabio que centrarse en disfrutar sin tacañear y a la vez gozar sin pasarse de frenada. Ni demasiado ni tan poco, un término medio que permita vivir un estilo de vida dentro de tus posibilidades cuidando de lo que tienes.

CONECTANDO CON LA ABUNDANCIA

Visión y oportunidades: La energía del eneatipo Siete nos invita a abrir la puerta de la abundancia de forma valiente y a atrevernos a explorar con confianza nuevos sectores, ideas o propuestas. Se crean oportunidades (algunas hasta ahora desconocidas) donde el dinero fluye con naturalidad.

Haz crecer tu dinero: El eneatipo Ocho se caracteriza por pasar a la acción, lograr resultados y alcanzar sus metas. En el ámbito económico su energía nos ayuda a dar esos primeros pasos en la inversión, poniendo dinero a trabajar parar tener el control de nuestras finanzas. Su alta capacidad de investigar dónde se está metiendo hace que tome decisiones de forma convincente.

La verdadera riqueza: Cerrando el círculo tenemos como protagonista la esencia del eneatipo Nueve, que nos conecta con lo verdaderamente importante: la tranquilidad y la paz que da estar teniendo éxito, que no es ni más ni menos que estar enamorado de tu propia vida. Te sientes pleno, vives en abundancia y tienes el control de tu tiempo para poder hacer con él lo que te venga en gana.

EL ARTE DE VIVIR A TU MANERA

A lo largo de los nueve pasos has realizado un proceso de autoconocimiento, de introspección y de aprendizaje. Volviendo a los orígenes del camino hacia la verdadera riqueza, hablamos de lo más importante de todo este proceso: dormir tranquilos y vivir felices.

Descansar plácidamente debe ser el primer y máximo objetivo siempre que realices cualquier acción, tomes una decisión o afines tu brújula personal. La conciencia tranquila no tiene precio ni entiende de números ni rentabilidades.

Lo que a ti te funciona puede ser diferente a lo que a tu hermano, tu suegra o tu amiga les resulta útil. Por eso te he dejado una hoja de ruta de nueve pasos que he seguido personalmente. No son pasos que tengas que dar obligatoriamente en este orden, sino que puedes ir siguiendo en paralelo, como es lógico.

Tú tienes que encontrar tu brújula, tu camino y orientar bien tu GPS interior. Si haces cosas, pasan cosas, y la vida termina pagando en el largo plazo. Porque hay algo de lo que puedes estar seguro y es justamente lo opuesto: si no haces nada, nunca llegarán cambios favorables a tu vida.

Por último, por favor, ten en cuenta que el proceso de transformación no acaba cuando uno hace su primer contacto con el paso nueve. Este puede ser apenas un primer encuentro esporádico y fugaz. Ya es un avance importante, aunque lo ideal es sostener en el tiempo esa sensación de tranquilidad y dicha.

Eso sí, no vamos a ser peliculeros y ver princesas con vestidos rosas y príncipes rubios de ojos azules bailando con unicornios. La relación con la verdadera abundancia, la felicidad y el dinero es un proceso constante de subidas y mejoras que durará toda la vida.

Una verdadera transformación personal requiere una continua observación para ir calibrando qué nos sienta bien y qué no nos es útil para que nuestro estilo de vida se vaya adaptando a las inquietudes y necesidades del momento.

Tú marcas qué es la verdadera riqueza y, a partir de ahí, vives.

Recuerda: tu vida, tus normas.

Recapitulación de los nueve pasos hacia la verdadera riqueza

A continuación, haremos un breve y conciso repaso a los nueve pasos con el objetivo de que puedas aplicarlos con consciencia y sabiduría. Son pasos sencillos que te acompañarán para vivir de una manera más plena y tranquila.

Modo supervivencia

Paso uno: Almohada financiera

El primer paso consiste en concienciarse de la importancia de poner orden y estructura en tu vida personal y económica. Es importante elaborar una lista de lo que se quiere y lo que no se quiere en la vida. Esta será una gran guía para tomar decisiones que te acerquen a los resultados que deseas lograr.

Tu primer objetivo económico debería ser no estar viviendo al día o a un mes de la quiebra financiera. Esta es la razón por la que deberás crear un fondo mínimo de 3.000 euros que te permita irte a la cama con cierta tranquilidad, sabiendo que, si en un mes sucede un imprevisto, tendrás algo de dinero con el que reaccionar.

Esta almohada financiera solo la utilizarás para emergencias, imprevistos de primera necesidad o formación y deberás tener acceso inmediato a ella. Recuerda que en este paso te será útil aplicar algunas de las habilidades más destacadas del eneatipo Uno, como ser estructurado, organizado, idealista y práctico.

PASO 2: *FOLLOW THE MONEY*

Una vez que sabemos la importancia de tener una dirección en la que caminar, llega el momento de empezar a practicar para obtener resultados tangibles. El control de gastos es primordial para saber lo que entra y lo que sale de tus cuentas bancarias.

Además, te permitirá observar patrones de conducta con el dinero que no eras capaz de reconocer (o no querías reconocer) y ver de forma clara cuál es tu punto de partida real en tus finanzas personales.

Una vez que controles los gastos, podrás sumarte a la filosofía del *conscious spending*, que consiste en alinear tus gastos con tus objetivos e intereses. Del eneatipo Dos tendrás que aprender a controlar los impulsos y a ser más generoso contigo mismo y no tanto con otras personas.

Paso 3: Operación Valentina

En el momento en que se cobra consciencia de los gastos que se tienen (generalmente mayores de los que uno creía), se tiende a querer ahorrar de forma rápida y compulsiva. Sin embargo, en la gran mayoría de las ocasiones el esfuerzo de ahorrar de manera extrema para conseguir unos pocos euros a final de mes no compensa con el escaso diferencial que queda de beneficio.

Aquí es cuando entra en juego la parte más importante en el camino hacia conseguir más dinero, que es buscar nuevas fuentes de ingresos y aumentar tu facturación. Esto será una catapulta para convertirte en dueño de tu tiempo. Gracias a virtudes del eneatipo Tres como la consecución de metas, las ganas de progresar o triunfar en la vida, te será más fácil lograr lo que te propongas.

Es necesario que detectes un problema y aportes una solución en masa a dicho inconveniente. Así entrará dinero en tu cuenta corriente.

Una manera de aumentar la creatividad, el valor que se aporta y la especialización en particular consiste en aprender de diferentes áreas y rubros para estar mejor formado. De este modo, mediante la intersección de campos en los que uno es experto pueden generarse nuevas fuentes de ingresos.

Modo reseteo

Paso 4: La riqueza empieza por dentro

Es la fase de cuestionar tus creencias y comportamientos sabiendo que no hay normas rígidas en el juego del dinero. Lo que para mí puede tener sentido, para ti puede resultar absurdo.

Gracias al poder de introspección del eneatipo Cuatro, su capacidad reflexiva y su autenticidad, es más sencillo acceder a reprogramar nuestra mente de forma correcta y encontrar las verdaderas respuestas en nuestro interior.

Cuando la curiosidad sobre el dinero comienza a despertarse es frecuente mirar hacia el futuro pensando más en el largo plazo que únicamente en el aquí y el ahora. El cortoplacismo está detrás de muchos errores económicos, por lo que hay que ir levantando la vista y decidiendo con inteligencia.

El dinero fácil y sin riesgo no existe ni se consigue en dos simples pasos. Una manera eficaz de cambiar las creencias sobre el dinero es consiguiendo más. Si no sabes cómo hacerlo, trasládate a otras realidades y rodéate de otro tipo de personas.

Paso 5: Adiós, deudas

Pocas sensaciones son tan placenteras como vivir libre de deudas y con la mochila ligera. No te endeudes para vivir por encima de tus posibilidades. Es un terreno peligroso en el que es muy fácil entrar y complicado salir.

Contraer deudas puede esclavizarte, hacerte gastar más pagando más a largo plazo, restarte oportunidades, afectarte a nivel personal y desviarte del camino. El objetivo en este paso es cancelar todas las deudas para vivir con menos ataduras y dormir más tranquilo por la noche.

El «método bola de nieve» es una buena manera de salir de las deudas, y el primer objetivo es liquidar lo más rápido posible el préstamo más pequeño que se tenga. Una vez que se haya pagado esa deuda, se destina el dinero que se usaba para esa liquidación para la siguiente deuda más pequeña. Y así hasta que quedas libre de cadenas monetarias.

Sin lugar a duda, el eneatipo Cinco nos enseña a vivir con menos, sin sobrepasar nuestras posibilidades y, sobre todo, de forma independiente, en la que no estamos atados a nadie.

Paso 6: *Get the money*

Tener unos buenos ahorros que te garanticen mantener tu estilo de vida en caso de la pérdida de tu empleo, un gran imprevisto o una drástica reducción de tu facturación también es sinónimo de dormir tranquilo.

El objetivo ideal sería tener un colchón de entre seis meses y un año como mínimo. No es un paso sencillo, pero verás que, cuando lo des, tomarás mejores decisiones sin la asfixiante sensación de necesitar ingresar dinero de forma urgente.

Para ahorrar de manera eficaz se necesitan tres atributos: tener un deseo incendiario de realizar algo, relativizar lo que necesitas para poder vivir por debajo de tus posibilidades sin irte a los extremos y crear sistemas de ahorro que te permitan de forma automatizada llegar a lo que te propones.

Las habilidades del eneatipo Seis, como son la responsabilidad, la prudencia y el querer estar protegido contra posibles imprevistos, harán que sea más sencillo conseguir el colchón de tranquilidad necesario para sentirnos más seguros.

Modo abundancia

Paso 7: Visión y oportunidades

Aparece en escena la opcionalidad, que significa generar diferentes escenarios en los que uno pueda escoger qué es lo que más le conviene en función de sus necesidades y deseos. El dinero abre puertas a tener más opciones, pero los resultados llegan cuando las personas se mueven, activan, generan sinergias y aportan valor.

El cambio es una constante en nuestra vida. Aprender a convivir con él sabiendo que lo que nos funcionó en el pasado puede no funcionarnos en la actualidad nos liberará del sufrimiento y la rigidez mental. Con el fin de aprovechar estas oportunidades, la energía del eneatipo Siete puede ayudarte a ser una persona más extrovertida, que priorice las relaciones y sea generosa y divertida, ingredientes que se necesitan para crear conexiones reales con otras personas.

Paso 8: Haz crecer tu dinero

La formación es la inversión más rentable del planeta, la que mejor paga y menos dinero te puede hacer perder por ignorante. Invertir es poner el dinero en un producto, servicio o activo con la esperanza de generar más dinero.

Debes conocer tu perfil de inversor para saber si eres más del tipo conservador, moderado o agresivo. De esta manera podrás tomar decisiones acordes con lo que sientes y tu manera de relacionarte con el dinero y la inversión.

Los buenos inversores suelen comprar en momentos de pánico y vender en épocas de euforia. Evita ser una mano blanda con el objetivo de no perder dinero y tampoco inviertas con dinero prestado.

El eneatipo Ocho puede ayudarnos a invertir debido a su alta capacidad para pasar a la acción y atreverse a arriesgar, y a sus ganas de comprender en qué se está metiendo para tener el control de nuestras finanzas personales.

Paso 9: La verdadera riqueza

La verdadera riqueza, el control de tu vida, es mucho más simple de lo que pensamos y no depende solo del dinero. Aunque el dinero nos ayuda a alcanzarla. Tener libertad de movimientos para hacer lo que quieras, cuando quieras, con quien quieras y durante el tiempo que quieras es el mayor símbolo de felicidad de un ser humano.

Para lograr estar en paz es imprescindible saber qué se quiere conseguir y cuándo se tiene suficiente. Dejar de desear constantemente tener más y acumular productos, experiencias y servicios de manera compulsiva.

El momento en el que una persona se siente servida es precisamente una de las habilidades del eneatipo Nueve, cuando encuentra el punto de equilibrio y felicidad en su vida. Se respira comodidad, se vive una vida sin prisas y sana.

Además, se produce una aceptación de toda situación que hayas experimentado, creado o vivido en el pasado. Las decisiones del pasado forman parte del proceso de aprendizaje y autoconocimiento en nuestro camino.

Epílogo

Tu vida, tus normas

Como hemos dicho al principio, transformar nuestra relación con el dinero no es como encender un interruptor de la luz. No sucede al instante ni con un sencillo golpe. Requiere mucho tiempo de autoconocimiento, reflexión y autoobservación.

Puede que leer este libro te lleve unas semanas o solo unos pocos días. Ahora bien, transformar la relación con el dinero es algo que ocurre con el paso de los años, las décadas e incluso hasta el día de nuestra despedida.

Si de verdad sigues los pasos, tu vida económica se acomodará tarde o temprano. Te responsabilizarás de tu vida, de tu dinero y del control de tu tiempo. Tus finanzas personales ya no te darán miedo, sino que las dominarás. Cuando esto sucede, empiezas a tener mayor confianza en ti mismo, gracias al hecho de que estás cultivando la inteligencia económica.

Dominar los nueve pasos significa que ya tienes criterio propio a la hora de vivir. Te conoces y actúas en consecuencia a quien eres, desechas la presión social para conectarte con tu propia información.

Además, vibras en la abundancia porque, a la vez que has

acomodado tus finanzas personales, sabes que un número en concreto tampoco te da la abundancia real. Es evidente que 10.000 euros no son lo mismo que 200.000 o dos millones, pero la sensación de estar alineado con tu propósito, de sentirte libre, de irte a dormir tranquilo por la noche sintiendo paz puede experimentarse con cualquier cifra.

La abundancia no es un sentimiento que llega de fuera a dentro, sino que nace en el interior y termina expresándose en el exterior.

Habla de dinero

Por último, me gustaría confesarte algo. Lo que ha impulsado de manera notable mi transformación con el dinero ha sido hablar sobre él. Esto ha acelerado exponencialmente mi viaje de reconciliación y ha sentado las bases de mi plan financiero.

He preguntado mucho sobre dinero a todo tipo de personas, me he formado de maneras diversas (cursos, libros, vídeos, seminarios, experiencia, invirtiendo, etcétera), he investigado sobre mis comportamientos, he probado en diferentes inversiones, he perdido mucho dinero, he ganado otro tanto. He movido dinero, gastado, facturado, derrochado, regalado, donado… En definitiva, he probado y he sido curioso por comprender las reglas del juego del dinero.

He tenido que salir de mi mundo, mis ideas y mi forma de ver el dinero para poder ampliar horizontes y aprender de gente que está más avanzada que yo. Si hay algo de lo que no me arrepiento es de haber preguntado como si fuera un niño.

Prefiero que piensen que soy un ignorante que pasar por alto algo que no termino de comprender. Este es el último consejo que me atrevo a darte: pregunta como un niño sin vergüenza las veces que haga falta.

Empápate de personas que pueden ser referentes para ti o que ya hayan recorrido ese camino que tú deseas. No te compares, no te juzgues, no te hundas y mantén siempre la mente muy abierta.

Cuanto más hables de dinero, más normalices su uso y las charlas sobre él, antes derribarás miedos y creencias que te limitan. Tú tienes una relación con el dinero, que no se te olvide.

Y, como toda relación, debes cuidarla. Confieso que doy gracias al dinero, lo saco de la caja fuerte que tengo en el banco para verlo y tocarlo, lo muevo de mi cuenta corriente, lo utilizo y hasta le hablo.

Incluso, en ocasiones, lo trato como si fuera una persona. En otras, como un objeto. Y en otras como ese simple y grandioso medio para conseguir lo que quiero. Tengo una relación con él y, si lo quiero cerca, debo cuidarlo.

De esta manera puedo ser el amo de mi destino económico y el dueño de mi vida.

No hay fórmulas rígidas, pero, como he dicho anteriormente, en tu vida, tú marcas tus normas.

Por ahora esto es todo. Deseo de corazón que este libro te haya sido de utilidad. También deseo que consigas llegar a un estado de verdadera riqueza.

Define la tuya, ten clara la visión y trabaja cada día por ese estilo de vida que quieres.

Por tu libertad.

Agradecimientos

Antes que nada, gracias a ti por dedicar tu valioso tiempo a leer este libro. Deseo que la idea de que puedes tener una relación mejor con el dinero te haya ayudado, gustado y motivado. ¡Ahora toca poner en práctica lo aprendido!

A Annie, por apoyarme siempre. Por confiar en todo lo que hago, en lo que emprendo y en mis decisiones de vida. Sin vos este libro no hubiera sido posible. Gracias por hacer equipo. Sos increíble.

A mi hijo Bruno, por ser el motor de la gran mayoría de las decisiones que tomamos. Gracias por elegirnos. Ojalá este libro te inspire para vivir la vida que quieres.

A papá, mamá, Fede y Tomy, por la unión y el amor infinito que nos tenemos. Me hace muy feliz estar con ustedes.

Al sello Conecta, por desear publicar este libro. Es un honor pertenecer a la familia de Penguin Random House.

A mis editores, Alba y Carlos, gracias de corazón. Qué a gusto me he sentido.

A Sandra Bruna, mi agente literaria, por confiar en mí desde el primer día.

A todas las personas que forman parte de nuestra querida comunidad de gente curiosa, inteligente y dispuesta a mejorar su vida. Gracias por apoyarme, leerme, consumirme, animarme y, sobre todo, por realizar este viaje de crecimiento juntos. Sin vosotros esto no habría sido posible.

Tengo infinidad de amigos y conocidos a los que me gustaría agradecer, pero sería algo injusto poner tan pocos nombres cuando son muchos los que me acompañan en mi vida.

Sin embargo, me gustaría nombrar a Ferran Cases, Francesc Miralles, Raúl Ravelo y Edu Iglesias como personas que me han apoyado, ayudado y animado desinteresadamente para que este libro llegue a tus manos.

Y, por último, queda raro, pero no por ello quiero dejar de hacerlo… gracias a mí mismo por atreverme a que *Dinerograma* viera la luz, por mostrarme, crear y confiar en que en mi vida yo pongo las normas.

En fin, gracias a la vida, que es maravillosa.

Gracias de corazón.

Referencias y lecturas recomendadas

LIBROS SOBRE EL DINERO

Bogle, John C., *Enough: True Measures of Money, Business, and Life. Revised edition*, New Jersey, John Wiley & Sons, 2010.

Bravo, Isra, *Escribo porque me gusta ganar dinero*, Barcelona, Alienta, 2022.

De Marco, M. J., *La vía rápida del millonario: descubre el código de la riqueza y sé rico durante el resto de tu vida*, Málaga, Sirio, 2018.

Eker, T. Harv, *Los secretos de la mente millonaria: cómo dominar el juego interior de la riqueza*, Málaga, Sirio, 2011.

Hill, Napoleon, *Piense y hágase rico*, Barcelona, Obelisco, 2012.

Housel, Morgan, *Cómo piensan los ricos: 18 claves imperecederas sobre riqueza y felicidad*, Barcelona, Planeta, 2021.

Jorgenson, Eric, *El almanaque de Naval Ravikant: una guía para la riqueza y la felicidad*, Málaga, Colección Baelo, 2021.

Ramsey, Dave, *La transformación total de su dinero*, Thomas Nelson, 2017.

Robin, Vicki, y Joe Dominguez, *La Bolsa o la vida: los 9 pasos para transformar tu relación con el dinero y alcanzar la libertad financiera*, Barcelona, Kitsune Books, 2019.

Samsó, Raimon, *El código del dinero: conquista tu libertad financiera*, Barcelona, Obelisco, 2017.

Sethi, Ramit, *Will Teach You To Be Rich: No guilt, no excuses – just a 6-week programme that works*, Londres, Yellow Kite, 2010.

Smith, Margareth, *Money, from Fear to Love. Using the Enneagram to Create Wealth, Prosperity, and Love*, California, CreateSpace, 2011.

Stanley, Thomas J., y William D. Danko, *El Millonario de la puerta de al lado: los sorprendentes secretos de los millonarios estadounidenses*, Barcelona, Obelisco, 2015.

LIBROS SOBRE EL ENEGRAMA

Baron, Renée, y Elizabeth Wagele, *El Eneagrama, guía fácil y divertida: descubre los nuevos tipos de personalidad*, Madrid, Neo Person, 2008.

Riso, Don Richard, y Russ Hudson, *La sabiduría del eneagrama: guía completa para el desarrollo psicológico y espiritual de los nueve tipos de personalidad*, Barcelona, Urano, 2017.

Tallon, Robert, y Mario Sikora, *Conciencia en acción, eneagrama, inteligencia emocional y cambio. Conoce el perfil de personalidad del eneagrama y la evaluación de competencias emocionales*, Madrid, Gulaab, 2012.

Otros

Ribas, Laura, *La vida que quiero: una hoja de ruta hacia la felicidad*, Barcelona, Conecta, 2022.

Rovira, Álex, y Fernando Trias de Bes, *La buena suerte: claves de la prosperidad*, Barcelona, Zenith, 2019.

Taleb, Nassim, *Antifrágil: las cosas que se benefician del desorden*, Barcelona, Paidós, 2019.

Blogs y páginas webs

https://nudistainvestor.com
https://www.elblogsalmon.com
https://lahormigacapitalista.com
https://www.aswathsilber.com
https://joantubau.substack.com
https://sive.rs/n
https://haiki.es